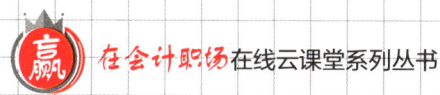

在会计职场在线云课堂系列丛书

全盘账+纳税申报+内部控制
手工账+电脑账

孟佑梅 著

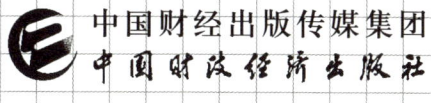

中国财经出版传媒集团
中国财政经济出版社

图书在版编目（CIP）数据

会计小白升职记/孟佑梅著. -- 北京：中国财政经济出版社，2020.4
ISBN 978 - 7 - 5095 - 9681 - 4

Ⅰ.①会… Ⅱ.①孟… Ⅲ.①会计－工作 Ⅳ.①F23

中国版本图书馆 CIP 数据核字（2020）第 035127 号

责任编辑：陈志伟 杨振英　　　　责任印制：史大鹏
封面设计：MXK DESIGN STUDIO

中国财政经济出版社 出版

URL：http://www.cfeph.cn
E - mail：cfeph @ cfemg.cn

（版权所有　翻印必究）

社址：北京市海淀区阜成路甲 28 号　邮政编码：100142
营销中心电话：010 - 88191537
北京时捷印刷有限公司印刷　各地新华书店经销
787×1092 毫米　16 开　14.25 印张　241 000 字
2020 年 4 月第 1 版　2020 年 4 月北京第 1 次印刷
定价：49.00 元
ISBN 978 - 7 - 5095 - 9681 - 4
（图书出现印装问题，本社负责调换）
本社质量投诉电话：010 - 88190744
打击盗版举报热线：010 - 88191661　QQ：2242791300

在大学期间,我就开始备考注册会计师(CPA)考试,大四时,边实习边复习备考,在大学毕业当年的CPA考试中通过了全部科目考试。尽管自认为有着非常扎实的理论基础,但是在从事实务工作时,仍然会有"拔剑四顾心茫然"般力不从心,不认识发票、看不懂凭证、不会查账簿,从满怀期许到自我怀疑、从踌躇满志到心怀忐忑……没错,这就是初入职场时的我。

幸运的是,我在工作中得到了很多人的帮助,很快从初入职场时的懵懵懂懂逐步成长到后来的得心应手。"却顾所来径,苍苍横翠微。"成长的路上,有痛苦也有喜悦,一直想把自己的会计职业成长历程分享出来,以帮助更多的新人顺利完成从小白到高手的蜕变。经过近十年的酝酿和一年多的精心写作,在中国财政经济出版社尉敏老师的建议下,几经修改,即将付梓。

本书通过即将大学毕业的会计新人白盼盼在企业实习期间的所见、所闻、所想、所悟,将专业知识、岗位场景、实操要领、职场规范、职业规划、人生哲理等在一个个情景故事中娓娓道来,力图使读者能够身临其境地进入真实的会计职业场景,顺利跨越那座从校园走向职场的梦想之桥。

本书分为初入职场、渐入佳境、临危受命三部分。"初入职场"部分主要介绍从事会计工作时必须熟悉的发票和各种单据、会计行话、会计沟通技巧;"渐入佳境"部分从"借贷记账法"开始详细介绍企业的主要经济业务及会计、税务处理；"临危受命"部分则选取了一个小规模商贸企业的全盘账务处理、申报表填写，另外，还有内部控制、职场规范等理念穿插其中。

在这里，要特别感谢本书的各位推荐人：广州番禺职业技术学院财经学院院长杨则文教授、中国国投国际贸易有限公司总会计师张文雄先生、《中国会计报》副总编辑李京老师、高顿教育集团B端教研总监肖云汉老师。

由于作者水平有限，书中难免存在疏漏错误之处，敬请批评指正，本人邮箱：923368362@qq.com，微信公众号：向阳财税；期待与广大读者朋友沟通交流。

**孟佑梅**
2020年3月24日于北京

## 第一部分：
## 初入职场 　　1

第1章　是时候了，也该认识发票了　　3
第2章　疯狂的单据　　16
第3章　透过单据，看业务　　26
第4章　只有"老会计"才懂的会计行话　　32
第5章　会计沟通很重要　　37

## 第二部分：
## 渐入佳境 　　41

第6章　"借""贷"只是记账符号吗　　43
第7章　左右两边"借"与"贷"　　48
第8章　资产负债表和利润表有什么关系　　53
第9章　记账凭证，你真的会填吗　　58
第10章　会计账簿那些事儿　　63
第11章　会计科目记不住？试试联想记忆法　　76
第12章　纳税知识懂多少？你交过税吗　　79
第13章　什么是增值税　　83

| 第 14 章 | 增值税如何记账 | 94 |
| 第 15 章 | 聚餐体验个税 | 100 |
| 第 16 章 | "综合所得"个税怎么算 | 106 |
| 第 17 章 | 工资为什么要保密 | 114 |
| 第 18 章 | "成本"or"费用",这是一个问题 | 120 |
| 第 19 章 | 从"扇贝跑了"看存货盘点 | 125 |
| 第 20 章 | 感悟成本核算 | 130 |
| 第 21 章 | 三项费用巧分类 | 140 |
| 第 22 章 | 为什么要结转损益 | 145 |
| 第 23 章 | 什么是企业所得税 | 150 |

▶ 第三部分：

# 临危受命　　　　　　　　　　　155

| 第 24 章 | 大展身手,做全盘账了 | 157 |
| 第 25 章 | 杜绝眼高手低,手工全盘账走起 | 165 |
| 第 26 章 | 告别手工账,财务软件学起来 | 178 |
| 第 27 章 | 光说不练假把式,软件操作练起来 | 182 |
| 第 28 章 | 会计工作,平凡与优秀的差别 | 201 |
| 第 29 章 | 会计,你会报税吗 | 207 |
| 第 30 章 | 做好职业规划,升职加薪不是梦 | 219 |

# 第一部分：
# 初入职场

# 第1章 是时候了,也该认识发票了

我叫白盼盼,高考后报考了首都北京的一所财经院校,学习会计专业。大四开学后,经辅导员推荐,我去了一个叫"北京伊人皮具加工有限公司"的财务部实习。公司规模不大,加上工厂工人大概50多人。公司采购牛皮、布料等原材料生产加工皮包,然后再予以销售。生产工艺流程如下:

原材料入库——裁剪——拼接——缝制——整理

公司有6个部门:总经理办公室、行政人力部、财务部、销售部、采购部、生产车间。财务部有6个人,财务总监大家都称呼她崔总,在一个单独的办公室。听说她是注册会计师、注册税务师、CMA(美国注册管理会计师),她简直就是我的偶像。财务部还有2个财务主管、2个会计、1个出纳。该公司组织结构如图1-1所示。

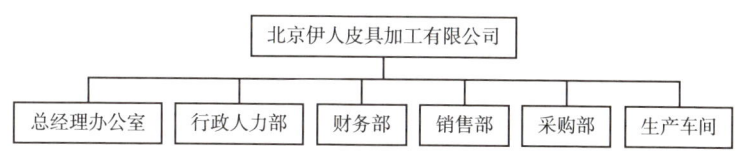

图1-1 北京伊人皮具加工有限公司组织结构

我来这里实习,公司并没有对我进行专门的培训,我的工作由财务部李主管安排。听说李主管是公司的老员工,是公司老板创业后招聘的第一个财务人员,从出纳做起,后来是会计,现在是财务主管,听说她今年10月考了注册会计师最后一门考试——"财务成本管理"。李主管工作认真、负责,性格开朗、乐观,对我这个实习生很是照顾。我刚来第一周时,就是做一些打印、复印、跑腿的工作。

## 会计小白升职记

一天，李主管给了我一张打印出来的 A4 纸，并指着她面前的一盒子单据，让我核对一下这些发票的"抬头"。我一听到这话就懵了，又是"发票"，又是"抬头"的。发票都在盒子里面，可是"抬头"做什么呢？我抬头看办公室天花板上也没什么特殊的啊，我再低头看看我面前这张纸，上面只有寥寥几行信息：

企业名称：北京伊人皮具加工有限公司

纳税人识别号：911101140865885514

地址、电话：北京市亦庄经济开发区 55 号、010-89876543

开户行、账号：工商银行北京市经济开发区支行　0010 6688 4287 2432

我把李主管指的那一盒子单据拿过来，抬头看看天花板，再低头看看这些单据，真是"丈二和尚摸不着头脑"。

"你在发什么呆啊？"

李主管的话把我吓一跳。"我抬头看天花板没发现有什么异常的，低头看这单据也不知道哪里不对劲。"我弱弱地说道。

李主管噗嗤一声笑了，"我让你核对的是发票的'抬头'，你看天花板干什么啊？"

"发票上有'抬头'？"我被李主管说愣了，"再说，我也不知道什么是发票啊？"

"'抬头'就是发票上面的'购买方'信息，"李主管边说边拿起一张单据，"发票是咱们财务工作经常打交道的单据，是咱们财务人员的必修课。从公司购销的角度来说，发票分为销项票和进项票，销项票就是咱们公司开给别人的，进项票就是其他公司开给咱们的。我这里的发票全是进项票。从税务局征管的角度看，发票种类很多，我之前整理了一张发票的思维导图（如图 1-2 所示）。"

李主管跟我详细讲解了发票的知识。原来"发票"有这么大的学问："发票"可以证明经济业务发生的真实性，在产生纠纷时，发票可以作为证据。税务机关为加强发票管理，还专门开发了"增值税发票管理系统"，有 6 类发票就是这个系统开出来的。企业使用发票需要去税务机关申领，不能自己印刷也不能借用别人的，当然自己公司的发票也不能出借……

图 1-3 是最常用的"增值税专用发票"的样式，分为 5 个区域。原来"抬头"指的就是发票的"购买方"，包括 4 项信息：名称，纳税人识别号，

地址、电话，开户行及账号。收到增值税专用发票时，这 4 项信息必须完全正确，一字不差，否则只能把发票退回去要求重开。如果取得普通发票，则"名称""纳税人识别号"必须填写正确。

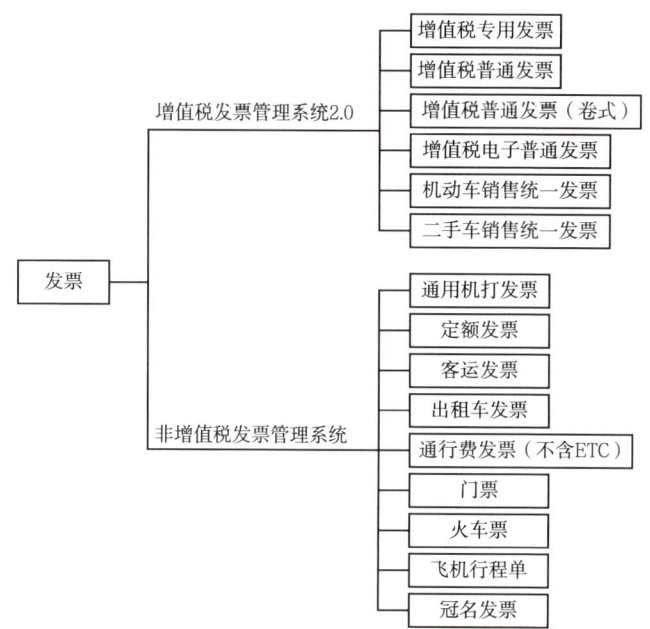

图 1－2  发票思维导图

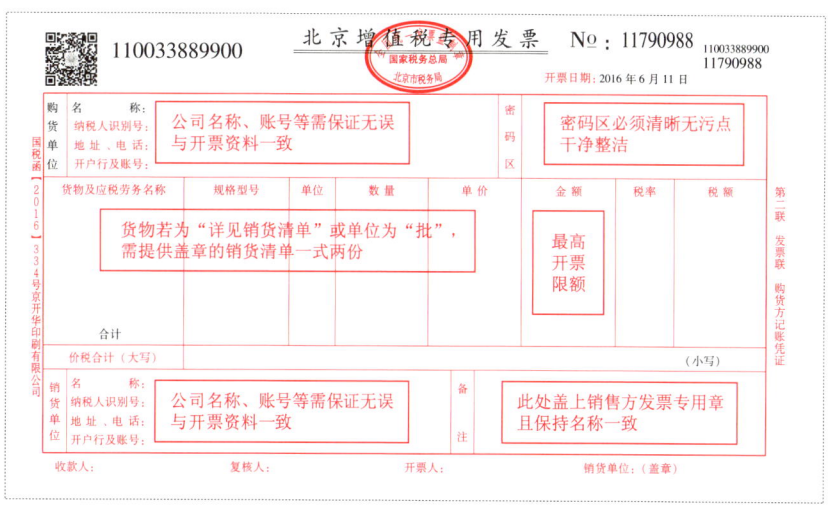

图 1－3  增值税专用发票（示例）

从发票的票面内容来看，普通发票（见图1-4）与专用发票的样式还挺像的，但是发票名称、联次、发票颜色不同。

图1-4 增值税普通发票（示例）

"为什么专票和普票不一样啊？"

"专票是可以抵扣增值税的，普票不能。"

"抵扣增值税？'抵扣'是什么意思？'增值税'又是什么？"

"你上学时学过税法吗？"

"学过啊，但是学得特别简单，考试之前老师会给划重点，我们突击几天背一下重点就可以了。"

"那你实习期间要学的东西多着哪，今天先把发票学好，以后再学习税款计算和申报的问题。你看啊，如果是专用发票，需要有两联，发票右侧栏有联次名称。红色的这联叫'发票联'要粘贴到'报销单'上，以后要装订到凭证中；绿色的这联叫'抵扣联'，这联需要单独保存。如果是普通发票就只有一联叫'发票联'，需要粘贴到'报销单'上。明白了吗？"

"明白了。"好记性不如烂笔头，我赶紧做笔记。

"你看在发票的右下角有一个章，这个章叫作'发票专用章'，你核对发票时，再把发票的盖章核对一下。"

"发票上面的盖章还有讲究啊！"

"当然了，发票上面只能盖'发票专用章'，它是椭圆形的（见图1-5）。如果你看到有发票上面盖的不是这种样式的章，就把发票作为问题发票告诉我。"

图1-5 发票专用章

"所有的发票上面必须有这个章，而且你还要核对'发票专用章'与发票上面左下方的'销货单位'是否一致……"

李主管给我详细讲解了"发票专用章"的问题，我整理了一张思维导图（见图1-6），供自己理解、学习使用。

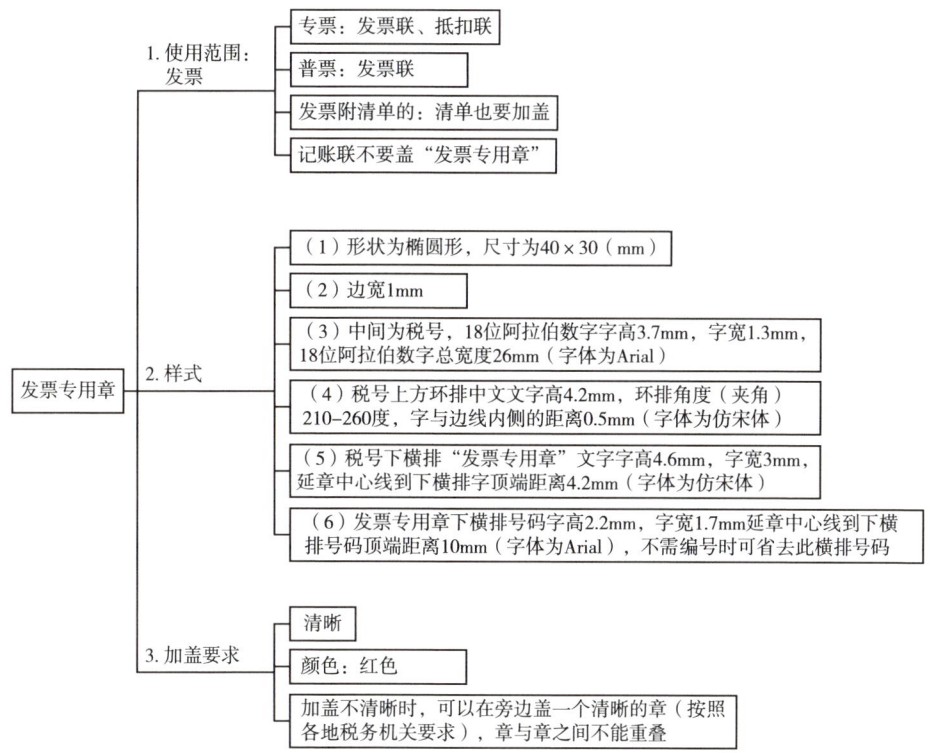

图1-6 发票专用章思维导图

我按照李主管的要求把发票的"抬头""发票专用章"都核对了一遍，发现有一张发票，明明是普票，但是发票抬头也填写了"地址、电话""开户行及账号"（见图1-7）。

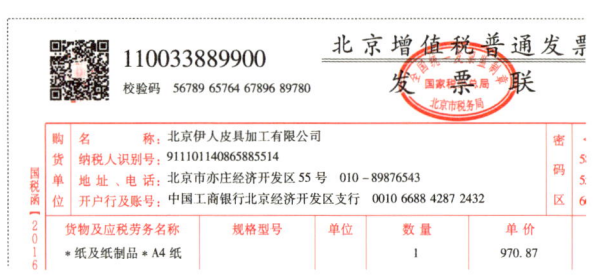

图1-7　问题发票

"普票填写了'地址、电话''开户行及账号'是没有问题的，税法规定是可以不填的，但是填写了发票仍然有效"。

我赶紧把李主管这句话记下来。

一会儿，又有一张发票将"发票专用章"盖反了（见图1-8）。我核对起来很费劲啊，但是这种发票还能用吗？

图1-8　盖反的发票专用章

"'发票专用章'盖反了，发票仍然有效，是没有问题的。"

好羡慕李主管的学识，我对她越来越崇拜了，不是因为她"财务主管"的职位，而是因为她的知识，以及她愿意把知识无偿分享给我的心。

"李主管，有一张发票上面盖了两个章，一个是椭圆形的发票专用章，还有一个圆形的章，这样行吗？"我把一张定额发票（见图1-9）拿给李主管看。

"不行，发票上面只能盖发票专用章，再盖一个'财务专用章'真是画蛇添足。"

"李主管，'财务专用章'是什么？做什么用的？"

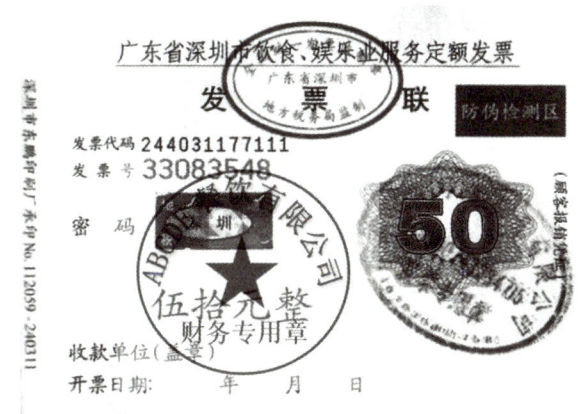

图1-9 盖了两个章的定额发票

"企业常用的印章有5枚：公章、财务章、人名章、合同章、发票章，发票章之前已经给你讲过了。"

"'发票章'讲过了？没讲啊，你刚才讲的是'发票专用章'。"

"'发票专用章'简称'发票章'，'财务专用章'简称'财务章'，'合同专用章'简称'合同章'，'法定代表人名章'简称'人名章'。"

"原来'章'还分全称、简称啊？那'公章'的全称是什么？"

"'公章'就是'公章'，没有全称。就像人一样，有的人有大名、小名，有的人就只有一个名字。"

接下来，李主管给我讲解了每个章的使用要求，原来小小的一枚印章都有这么大的学问，我整理成了思维导图（见图1-10）方便记忆。

"李主管，为什么有的发票要附清单？有的发票没有清单啊？"

"你去超市买东西会买多少种啊？"

"这个不一定啊，有时买得多，有时买得少。"

"如果你去超市买东西，买的种类比较多，假设买了100种，那发票的空间就这么大，肯定没有办法将这100种显示在一张发票上，因为一张发票最多能开8行。超过8行就需要换张发票再开或者附一张销售清单了。你看发票的时候注意，销售清单必须是税控系统打印出来的才行。"

"怎么判断'销货清单'是否是税控系统开的呢？"

"有一种方法：使用'销货清单'的发票上面，'货物或应税劳务、服务名称'为固定格式'（详见销货清单）'，除票面金额、税率、税额等栏目有

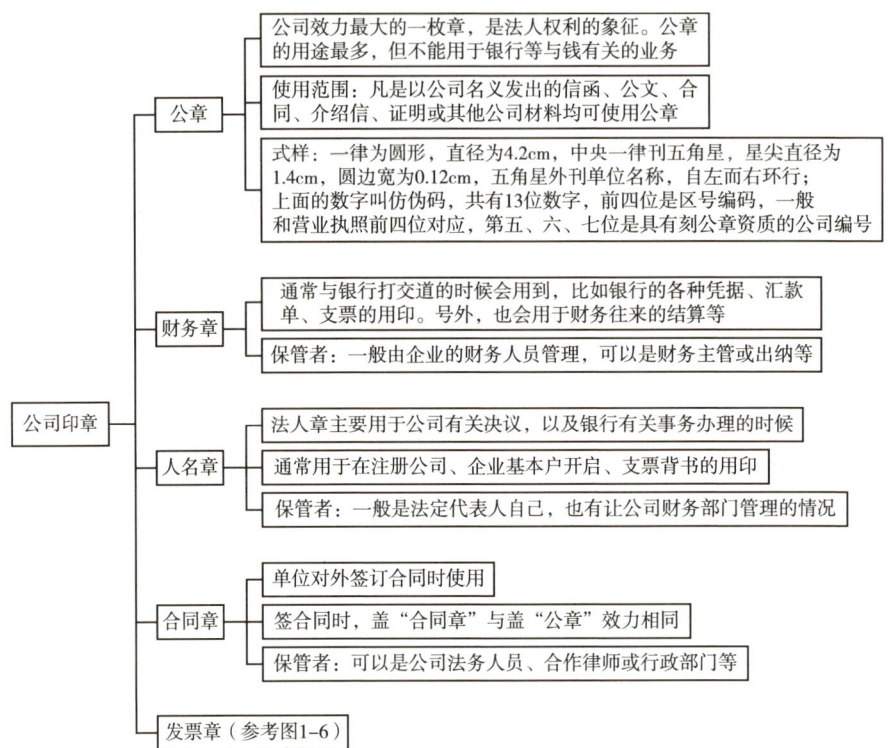

图 1-10 公司印章思维导图

数字外，其余栏目均为空白。"

李主管还特意找了一张附'销货清单'的发票（见图 1-11）让我看。

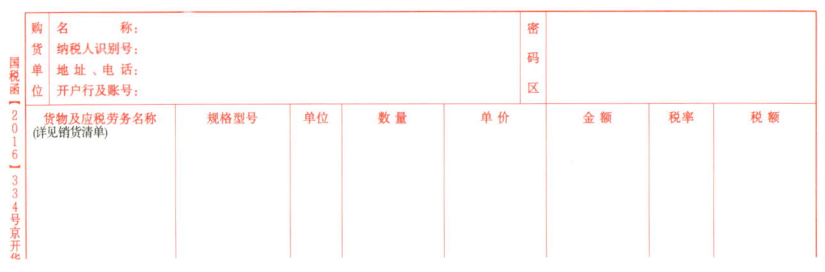

图 1-11 附销货清单的发票

"为什么'货物或应税劳务名称'那里有两个'＊'呢？这有什么讲究吗？"

"第一个'＊'后面的是'税收编码',第二个'＊'后面的是品名。以图1-12中的这张发票为例,'纸及纸制品'是'税收编码','A4纸'是品名,开具发票时,'品名'是什么就开什么,不能乱开。"

图1-12 带有＊的发票

"那'税收编码'……"

"'税收编码'是在增值税发票管理系统中设置好的,依据就是'增值税'的税目。"还没等我把话说完,李主管就循循善诱地给我讲解了,"在开发票时,'税收编码'跟后面的'税率'是紧密关联的。"

"我也注意到了,这么多发票,'税率'分别是13%、6%、3%。"

"不错,有进步,这是增值税的要求,'税率'处除了显示13%、6%、3%外,还可能是5%、11%、0%、免税……看你这么好学,你先把'税率'栏这些特殊情况记下来。"

(1)【0%】或者【免税】,税额显示【＊＊＊】,表示销售方发生应税行为适用零税率或者免征增值税政策;

(2)【＊＊＊】,三种情况:一是税额栏也显示【＊＊＊】,表示对方免征增值税;二是税额栏有数字,备注栏显示【差额征税】,表示对方选用了差额开票功能;三是税额栏有数字,备注栏显示不动产的详细地址,属于个人出租住房的,按5%的征收率减按1.5%计算应纳税额情形。

（3）【*】，税额栏也显示【*】，属于电信公司提供电信服务，根据总局规定开具发票时可以选择上级节点编码开票，由于【基础电信服务】和【增值税电信服务】适用税率不同，导致发票系统只能打印【*】。

（4）【不征税】，特定情形，目前一共十二类，编码为 601－612。打开增值税开票系统，在"商品编码—税务编码"栏目类，可以清楚地看到系统自带的属于"未发生销售行为的不征税项目"。

（5）小规模纳税人开普票。对于小规模纳税人自行开具的增值税普通发票，"税率"栏次显示为适用的征收率；对于增值税小规模纳税人向税务机关申请代开的增值税普通发票，如月代开发票金额合计未超过 10 万元的，税率栏次显示【＊＊＊】。

"发票的学问可真多啊！"我不由自主地感叹着。

"发票的学问大着呢，你看发票右下角这个区域是什么？"

"备注。"

"对，这是发票的'备注'栏，这里填写也是有要求的。有些发票'备注'栏必须填写，否则发票不能使用，就只能退回重开。"

"哦，都是哪些情况啊，你教教我吧。"

李主管递给我一个笔记本，我把上面记录的内容抄了下来。

1. 运输服务

《国家税务总局关于停止使用货物运输业增值税专用发票有关问题的公告》（国家税务总局公告 2015 年第 99 号）规定，增值税一般纳税人提供货物运输服务，使用增值税专用发票和增值税普通发票，开具发票时应将起运地、到达地、车重车号以及运输货物信息等内容填写在发票备注栏中，如内容较多可另附清单。其中铁路运输企业受托代征的印花税款信息，可填写在发票备注栏中。

2. 建筑服务

《国家税务总局关于全面推开营业税改征增值税试点有关税收征收管理事项的公告》（国家税务总局公告 2016 年第 23 号）规定，提供建筑服务，纳税人自行开具或者税务机关代开增值税发票时，应在发票的备注栏注明建筑服务发生地县（市、区）名称及项目名称。

其中异地提供建筑服务的小规模纳税人，由税务局代开增值税专用发票的，备注栏中的内容除了服务发生地县（市、区）和项目名称，还要打印

"YD"字样。

3. 销售不动产

国家税务总局公告2016年第23号规定，销售不动产，纳税人自行开具或者税务机关代开增值税发票时，应在发票"货物或应税劳务、服务名称"栏填写不动产名称及房屋产品证书号码（无房屋产权证书的可不填写），"单位"栏填写面积单位，备注栏注明不动产的详细地址。

4. 出租不动产

出租不动产，纳税人自行开具或者税务机关代开增值税发票时，应在备注栏注明不动产的详细地址。国税机关为跨县（市、区）提供不动产经营租赁服务的小规模纳税人（不包括其他个人），代开增值税发票时，还要在发票备注栏中自动打印"YD"字样。

5. 差额开票

国家税务总局公告2016年第23号规定，按照现行政策规定适用差额征税办法缴纳增值税，且不得全额开具增值税发票的（财政部、税务总局另有规定的除外），纳税人自行开具或者税务机关代开增值税发票时，通过新系统中差额征税开票功能，录入含税销售额（或含税评估额）和扣除额，系统自动计算税额和不含税金额，备注栏自动打印"差额征税"字样，发票开具不应与其他应税行为混开。

6. 预付卡结算

《国家税务总局关于营改增试点若干征管问题的公告》（国家税务总局公告2016年第53号）规定，单用途卡销售方与售卡方不是同一纳税人的，销售方在收到售卡方结算的销售款时，应向售卡方开具增值税普通发票，并在备注栏注明"收到预付卡结算款"，不得开具增值税专用发票。

多用途卡特约商户收到支付机构结算的销售款时，应向支付机构开具增值税普通发票，并在备注栏注明"收到预付款结算款"，不得开具增值税专用发票。

7. 代收车船税

《国家税务总局关于保险机构代收车船税开具增值税发票问题的公告》（国家税务总局公告2016年第51号）规定，保险机构作为车船税扣缴义务人，在代收车船税并开具增值税发票时，应在增值税发票备注栏中注明代收车船税税款信息，具体包括：保险单号、税款所属期（详细至月）、代收车船税金额、滞纳金金额、金额合计等。

8. 物流代开专票

《国家税务总局关于开展互联网物流平台企业代开增值税专用发票试点工作的通知》（税总函【2017】579号）规定：货物运输业小规模纳税人在境内提供货物运输服务，需要开具专用发票的，可以按照有关规定，就近向国税机关自行申请代开专用发票，也可以委托试点企业按照以下规定代开专用发票……试点企业使用自有专用发票开票系统，按照3%的征收率代开专用发票，并在发票备注栏注明会员的纳税人名称和统一社会信用代码（或税务登记证号码或组织机构代码）。

9. 代办退税

《国家税务总局关于调整完善外贸综合服务企业办理出口货物退（免）税有关事项的公告》（国家税务总局公告2017年第35号）第六条规定，自2017年11月1日起，生产企业代办退税的出口货物，应先按出口货物离岸价和增值税适用税率计算销项税额并按规定申报缴纳增值税，同时向综服企业开具备注栏内注明"代办退税专用"的增值税专用发票（以下称代办退税专用发票），作为综服企业代办退税的凭证。

代办退税专用发票不得作为综服企业的增值税扣税凭证。

10. 税务机关代开

税务机关在代开增值税普通发票以及为其他个人代开增值税专用发票的备注栏上加盖税务机关代开发票专用章。

我发现我把这些知识抄下来很容易，只要我愿意动手就行，但是我不理解这都是什么意思啊。

"怎么样？明白这都是什么意思不？"

"不明白，这上面每个字我都认识，但是组合成一句话、一段话后，我就懵了。"

"这是说在这10种情况下，'备注'栏是必须填写的，以及要填写什么内容都已经给规定好了。你看下面这种发票（见图1-13）可以用吗？"

我把这张发票的"抬头""盖章"都看了一遍，没发现哪里不对。不过，以我对李主管的了解，这张票肯定有问题。

"这张发票的'备注'栏需要填写，不能空着。你看里面'品名'是'*运输服务*货物运输'，说明这是一张运费发票。对于运费发票，'备注'

栏必须注明'起运地、到达地、车重车号以及运输货物信息等',所以这张票不能入账,只能退给业务部门,让他们去协调对方给我们重新开具。其他的 9 类发票也是同理。"

"我怎么知道一张发票是否属于这 10 种中列示的情形呢?"

"第一,多学习会计、税法,国家会计、税法知识每年都有变动,要经常学习。第二,跟业务部门沟通,但是沟通时,不能用这种专业的会计、税法语言,他们听不懂。沟通也是一门大学问啊。第三,就是专业判断了,根据与业务部门沟通的结果,结合会计、税法的知识进行专业判断。你这才刚刚入门,要学的知识多着哪。"

我似懂非懂地点点头。

| 货物及应税劳务名称 | 规格型号 | 单位 | 数量 | 单价 | 金额 | 税率 | 税额 |
|---|---|---|---|---|---|---|---|
| *运输服务*货物运输 | | | 1 | 2 000.00 | 2 000.00 | 3% | 60.00 |
| 合计 | | | | | 2 000.00 | | 60.00 |
| 价税合计(大写) | 贰仟零陆拾元整 | | | | (小写)¥2 060.00 | | |

| 销货单位 | 名　　　称: | 北京诚信速达物流有限公司 | 备注 | |
|---|---|---|---|---|
| | 纳税人识别号: | 91110105M0017P514 | | |
| | 地址、电话: | 北京市顺义区机场东路2号　010-80257611 | | |
| | 开户行及账号: | 中国工商银行北京机场路支行　1100 6383 1781 5654 | | |

图 1-13

# 第 2 章　疯狂的单据

我按照李主管教给我的发票知识，对业务部门交来的发票做了初步审核，有问题的发票向李主管说明了存在的问题，李主管直夸我进步大，我也为自己学到了知识而开心。

"李主管，我又遇到不懂的问题了：为什么有的发票是粘贴在'费用报销单'后面，而有的发票是粘贴在'付款申请单'后面呢？"

"你学过会计凭证吧？"

"学过啊，会计凭证是登记账簿的依据，分为'记账凭证'和'原始凭证'。'原始凭证'是要附在'记账凭证'后面的。那这跟'发票''费用报销单''付款申请单'有什么关系啊？"

"你先给我讲讲你学过的原始凭证的知识，我看看你的理论基础是否扎实。"

我拿起一张白纸，将我脑中记得的"原始凭证"的知识写了出来，边写边给李主管讲解，具体如图 2-1 所示。

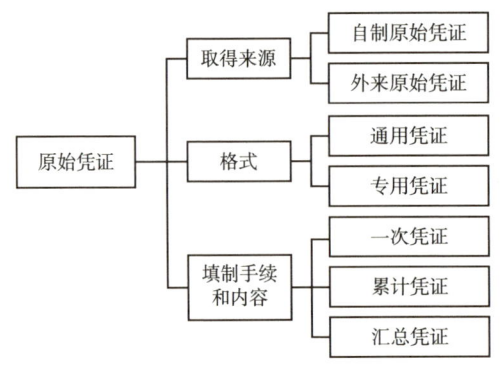

图 2-1　原始凭证思维导图

"咱们公司收到的发票,你觉得该怎么分类呢?"

"发票,从来源看,是其他公司开给咱们公司的,所以属于'外来原始凭证';从格式上看,因为是税务局规定好的格式,所以属于'通用凭证';从填制手续和内容来看,因为'一次填制,一次有效',所以属于'一次凭证'。"

"理论知识学得还不错嘛!发票是我们的财务工作中经常用到的原始凭证,其他使用较多的原始凭证就是'费用报销单''付款申请单'等单据了。"

李主管从柜子里拿出一本装订好的凭证,翻到一张"费用报销单"(见图 2-2)。"咱们单位的费用报销单是这种格式的,不同单位的格式可能有所差异,但是大同小异,因为目的和作用都是一样的。"

**费用报销单**

报销日期 2019 年 6 月 8 日　　　　　　　　　　　　附件第 1 张

| 费用项目 | 类别 | 金额 | 备注 |
|---|---|---|---|
| 交通费 | 市内打车票 | 50.00 | |
| | | | |
| | | | |
| | | | |
| | | | |
| 报销金额合计 | | ¥50.00 | |
| 金额(大写) | 伍拾元整 | | |

审核　郑胜利　　　　　财务　王芬　　　　　报销人　张颖

图 2-2　费用报销单

"小白,你觉得'费用报销单'是谁填写啊?"

我思考了一下,我见到的"费用报销单"都是已经填好的,不过有时,我看到老板会拿一沓发票给出纳,让出纳给填写"费用报销单"。"是出纳来填写'费用报销单'吧?"

李主管噗嗤一声笑了,"那还不把出纳给累死啊?再说了,出纳也不知道这些费用是做什么用的啊。老板的票确实直接给出纳了,咱们公司出纳和老板的关系你知道吧?"

这我来公司第一天就知道了,这个公司的出纳可是老板的亲妹妹啊。我早就听说过,一个企业里面担任出纳的往往是老板的亲戚甚至是老板娘亲自管钱，用会计老师的话说就是"账记错了可以调账，但是钱付错了就相当麻烦了"。所以出纳这个岗位老板用的都是自己人。

"'费用报销单'是报销人自己填的，比如，你去税务局给公司办事发生了费用，钱是你自己先垫上的，回公司后要求报销，那'费用报销单'当然是你填了，对吧？"

"对，有道理，应该报销人自己填。那很多上市公司，领导属于职业经理人的，他们的单据也是给出纳填吗？"

"领导日理万机，时间宝贵，他们一般不会自己动手去粘贴票据，通常由助理、秘书来完成这些工作。当然也不排除有那种亲力亲为的领导，自己的票自己贴。所以实际的会计工作，并不是什么事情都是教条化、冷冰冰的，要理论结合实际。"

"李姐，那'费用报销单'怎么填啊？"

"就拿这个单子（见图 2-2）来说，这是张颖报销的交通费 50 块钱，'报销日期'就按照实际的日期填写，哪天报销的就写哪天；'附件'指的就是后面粘贴的票的张数，有几张就写几张；'费用项目'就看发生的是什么费用，如办公费、交通费、招待费等；'金额'是多少钱就填多少钱，小写金额采用阿拉伯数字填写，并保留两位小数；最后一栏合计金额小写采用阿拉伯数字填写，并保留两位小数，小写金额前面需加人民币符号'￥'，大、小写金额必须一致；'合计'业务部门有时会算错，他们对数字并不敏感，还有就是他们觉得几块钱的差额没关系，但是对于我们做账来说，差一分钱都不行；'大写金额'业务人员有时也会写错，数字大写你会写吗？"

"会写。"我自信地拿起笔把大写数字都写出来了。

"写错了吧，'贰'的两个'横'你怎么写在上面了？你查查那两个'横'是在上面吗？"

我拿出手机打字一试，果然写错了，那两个'横'在下面，不是在上面。"刚才写错了，这个错误我不会再犯的。"我把正确的'贰'练习了几遍。数字大写如图 2-3 所示。

"嗯，很好，知错就改。这就是实习面试录取你的主要原因。"

"李姐，为什么两次笔试的试题一模一样啊？而中间还隔了一段时间。"说起应聘那天的事情我就不解，一早我们 5 个人来到后，给我们每人发了一张笔试试卷，题目倒不难，就是会计基础知识。我们交卷后，李主管对我们 5

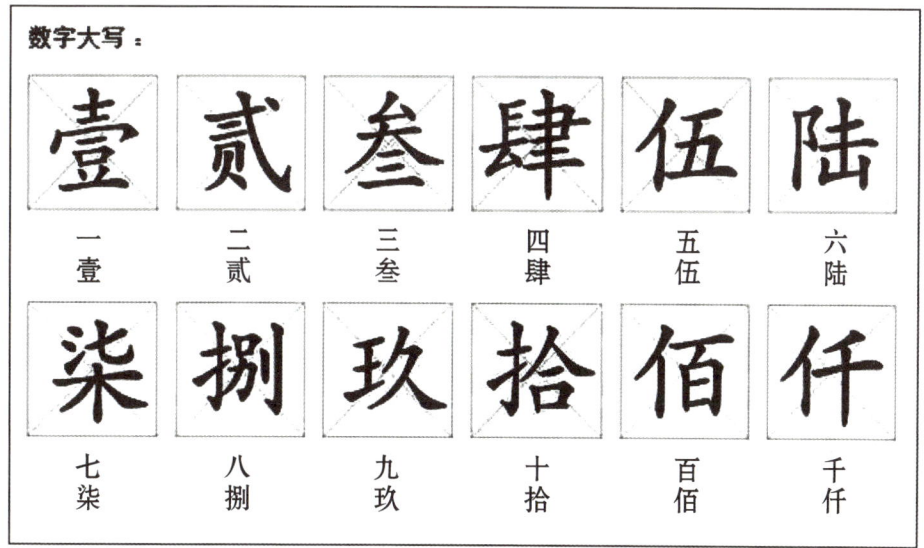

图 2-3 数字大写示意图

个人分别面试,每个人面试后又让我们做一张笔试试卷,但是奇怪的是跟之前的试卷一模一样。

"第二次做试卷时,你们有 2 个同学直接不做就走了;你和另外两个同学都做完了,其中一个同学字迹潦草、应付了事;另一个同学字迹倒是工整,跟她做的第一份试卷答案是一样的,原来做错的还做错。只有你的试卷,第二次再做时,比第一次有很大进步,尽管你的笔试成绩并不是所有同学中最优秀的,而且面试表现也一般。"

"你让我们中间休息的时候,我打开手机查了当时无把握、不会做的题目。"

"所以我录取了你。"

"原来如此啊!"

"'费用报销单'已经给你讲完了,接下来看一下'差旅费报销单'。"李主管找到了这本凭证中的一张"差旅费报销单"(见图 2-4),"'差旅费报销单'是'费用报销单'的一种,它是报销差旅费专用的。需要注意的是,差旅费报销时,来回的票都要填写在一起,比如:员工白盼盼 3 月 1 日从北京出差到上海,在上海出差 7 天,3 月 7 日从上海回到北京。你先从北京到上海,在上海待了 7 天,期间又开住宿票,然后再从上海回到北京,这算是一个完整的闭环，票就都要贴在'差旅费报销单'上，这叫'有来有往'。这样，事后查看单据的时候，也是符合逻辑的。"

**差旅费报销单**

单位名称：　　　　　　报销日期：　年　月　日　　　　　　　　单位：元

| 姓名 | | | | 职务 | | | 随附单据共　张 | | 备注 |
|---|---|---|---|---|---|---|---|---|---|
| 日期 | | 地点 | | 出差事由 | 天数 | 交通费 | 住宿费 | 伙食补助费 | 合计 |
| 月 | 日 | 起 | 讫 | | | | | | |
| | | | | | | | | | |
| | | | | | | | | | |
| | | | | | | | | | |
| | | | | | | | | | |
| | | | | | | | | | |
| 合计 | | | | | | | | | |
| 备注 | | | | 报销金额（大写） | | | | | |

审核　　　　　　　　　　财务　　　　　　　　　　出差人

图 2-4　差旅费报销单

"我明白了，就是贴发票、填写报销单的时候，要把一个完整的经济业务的单据粘贴在一起。我们宿舍有个同学去了代账公司实习，他们的单据不是这样分类的，而是按照发票的类型入账的，所有的火车票做一张凭证，再把所有的打车票整理一下做一张凭证，这样就不能反映出经济业务了吧？"

"是的，这样肯定不行啊，单位的乱账、烂账就是这样形成的。所以很多企业稍微有点规模就不用代账公司了，自己招聘会计来做账。而且企业把账从代账公司那里接过来时，都要找人梳理乱账。"

"嗯，我还有一个同学在会计师事务所实习，她还去做梳理乱账的项目了呢，不过在项目里面也只是一个跑腿、打杂的。"

"你们不管是在哪里实习，都要尽快学习实操并上手，实操跟理论还是有一定差距的。你看看这个'付款申请单'，能看出跟'报销单'的差别吗？"李主管又在凭证中翻了一张"付款申请单"（见图 2-5）出来。

"格式不一样，填写的内容也不一样，增加了'收款人名称''开户银行及账号''其他要求说明'。"

## 付款申请单

FKSP-003

| 申请人 | 张颖 | 付款日期 | 2019年6月10日 | 附件张数： | —— |
|---|---|---|---|---|---|
| 付款金额（大写） | 贰拾伍万肆仟贰佰伍拾元整 | | | ￥254 250.00 | |
| 收款人名称： | 北京同仁商贸有限公司 | | | | |
| 开户银行及账号 | 中国农业银行平谷区支行 6226 8659 3452 8172 | | | | |
| 其他要求说明 | 付款方式：转账支票 | | | | |
| 付款说明 | 货款 | | | | |
| 经办人： | 张颖 | 财务审核： | 王芬 | 总经理审批： | 郑胜利 |

图 2-5 付款申请单

"对，因为用途不一样，'付款申请单'适用于公对公付款的情况，而报销单适用于员工费用报销，款项员工之前已经垫付了，要把报销款付给公司员工。"

"什么叫'公对公付款'？"

"'公'，你可以理解为'公司''公家'，'公对公付款'是一种付款方式，是指把钱从一个公司的账户支付到另一个公司的账户中。公司在银行是有开立的账户的，这你知道吧？"

"知道，我学过，'银行存款'这个科目就是用来核算公司账户的款项收支的，公司的银行账户包括基本户和一般户。"

"不错，那基本户与一般户有什么区别啊？"

我在纸上把基本户与一般户的差别用思维导图的方式画了出来，如图 2-6 所示。

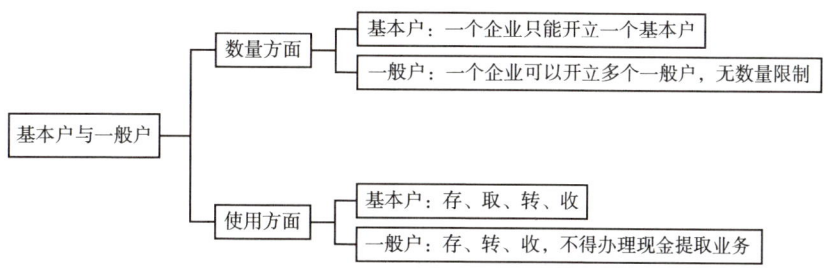

图 2-6 基本户与一般户思维导图

"'公司账户'也可以称为'对公账户''公户',实务中是有很多叫法的;跟'公户'对应的叫'私户',就是'私人账户''个人账户'的意思。比如,每月公司给你发工资,那就是把钱打到你个人的银行账户上。"

"我明白了,使用报销单时,就表示钱要付给个人;使用'付款申请单'时,就要把钱付到对方公司的对公账户。那所有企业都这样吗?"

"单据的格式可能不一样,审批的流程可能也不同,但是原理、逻辑都是一样的。比如,有的公司的报销单都是公司自己印制的,还有的公司使用'钉钉''OA'进行报销、付款。这就好像,你一直用的是华为手机,哪天换成小米、VIVO照样会用啊;以前考初级会计职称是纸笔考试,现在是机考。时代在发展,形式在改变,但是'万变不离其宗'。"

我很庆幸自己实习的时候遇到了一个好老师,她愿意把她知道的知识都跟我分享。不像我宿舍中有的同学,去实习时,一直是跑腿、复印资料,前辈们什么都不给她们说,什么都不教,生怕"教会徒弟饿死师傅"。

"你在想什么哪?我刚才说的你听明白了吗?"

"听明白了,谢谢你,李姐,愿意教我这么多东西。"

"'师傅领进门,修行在个人',有心人肯定成长得快啊,无心人给他配几名注册会计师带他都没有用。"

我点头称是,"李姐,我看'报销单''付款申请单'后面还有发票,这发票粘贴是不是也有学问啊?"

"当然了,贴票可不是你想怎么贴就怎么贴的,要工整、美观,贴票分为5步,我这里整理了一个贴票说明,你好好看看。"

第一,分类:对于集中处理的发票,首先要对票据进行分类整理,如交通费、办公用品、电话费、快递费、车辆维修费等,再按照票据种类分别粘贴,相同金额的票据放在一起(如火车票50.5元的放在一起,95.5元的放在一起)。

第二,排列:整理好票据后,将胶水涂在票据左侧的背面,沿着粘贴单左起约2~3厘米处依次均匀排开横向梯形粘贴(见图2-7),还应避免将票据贴出粘贴单外。不要将票据集中在粘贴纸中间粘贴,认免造成中间厚、四周薄,使凭证装订起来不整齐,达不到档案保存要求。

第三,粘贴:大小不一的票。若票据大小不一样,可以在同一张粘贴单上按照先大后小的顺序粘贴。

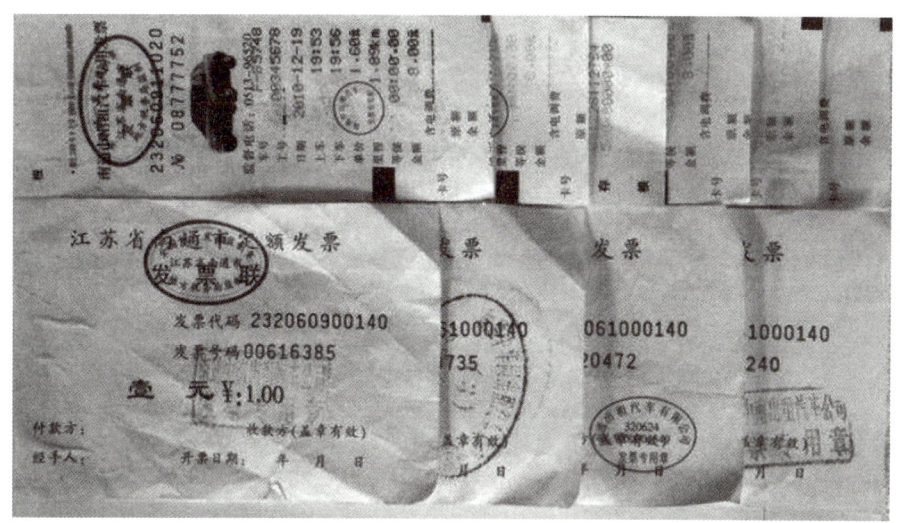

图 2-7 横向梯形粘贴票据

第四，粘贴：票据较多时，可以使用多张粘贴单。

第五，粘贴：大票或长票，对于比粘贴单大的票据或其他附件，也应该按照上述办法，超出的部分可折叠在粘贴单范围之内。

想不到贴一张票都有这么大学问，"为什么要用胶水贴票？用订书机、大头针不行吗？"

"不行，用订书机、大头针贴票，以后装订出来的凭证不整齐，时间长了容易脱落。这都是会计档案啊，会计档案要保存多长时间，知道吧？"

"哦哦，我想起来了，会计档案是要妥善保管的。我考试的时候还考过哪，我当时专门整理了一张表格（见表 2-1）来记忆这些内容。"用订书机、大头针固定的发票确实不美观，而且容易脱落。在翻看凭证时，掉出一张发票，说不定后果就很严重。

表 2-1 会计档案保管期限表

| 序号 | 档案名称 | 保管期限 | 备注 |
| --- | --- | --- | --- |
| 一 | 会计凭证 | | |
| 1 | 原始凭证 | 30 年 | |
| 2 | 记账凭证 | 30 年 | |
| 二 | 会计账簿 | | |

续表

| 序号 | 档案名称 | 保管期限 | 备注 |
|---|---|---|---|
| 3 | 总账 | 30 年 | |
| 4 | 明细账 | 30 年 | |
| 5 | 日记账 | 30 年 | |
| 6 | 固定资产卡片 | | 固定资产报废清理后保管 5 年 |
| 7 | 其他辅助性账簿 | 30 年 | |
| 三 | 财务会计报告 | | |
| 8 | 月度、季度、半年度财务会计报告 | 10 年 | |
| 9 | 年度财务会计报告 | 永久 | |
| 四 | 其他会计资料 | | |
| 10 | 银行存款余额调节表 | 10 年 | |
| 11 | 银行对账单 | 10 年 | |
| 12 | 纳税申报表 | 10 年 | |
| 13 | 会计档案移交清册 | 30 年 | |
| 14 | 会计档案保管清册 | 永久 | |
| 15 | 会计档案销毁清册 | 永久 | |
| 16 | 会计档案鉴定意见书 | 永久 | |

"李姐，我们做会计要用的单据就这些吗？"

"当然不是了，还有很多，比如仓库使用的'入库单''出库单'，这都是仓库办理货物出入库使用的。"李主管在这本凭证中分别翻出了"入库单"（见图 2-8）和"出库单"（见图 2-9）。

入 库 单

供货单位：北京亮滑布料有限公司　　2019 年 6 月 10 日　　NO. 289002

| 编号 | 名称 | 规格 | 单位 | 数量 | 单价 | 金额 | 备注 |
|---|---|---|---|---|---|---|---|
| | 拉链 | 60cm | 条 | 500 | 5.00 | 2 500.00 | |
| | 拉链 | 30cm | 条 | 1 000 | 10.00 | 10 000.00 | |
| | 拉链 | 20cm | 条 | 1 500 | 8.00 | 12 000.00 | |
| | 拉链 | 10cm | 条 | 3 000 | 1.00 | 3 000.00 | |
| 合计金额（大写） | 贰万柒仟伍佰元整 | | | （小写） | ￥27 500.00 | | |

会计：王芬　　　　　　　　仓库：秦琳　　　　　　　　经办人：郑胜利

第二联：财务记账

图 2-8　入库单示意图

## 出 库 单

供货单位：张家口前进商贸有限公司　　2019 年 6 月 16 日　　NO. 389002

| 编号 | 名称 | 规格 | 单位 | 数量 | 单价 | 金额 | 备注 |
|------|------|------|------|------|--------|-----------|------|
|      | 女士单肩包 | N1 | 个 | 500 | 140.00 | 70 000.00 |      |
|      | 女士双肩包 | S1 | 个 | 300 | 110.00 | 33 000.00 |      |
|      | 女士钱包 |    |    | 300 | 90.00  | 27 000.00 |      |
|      |      |      |      |      |        |           |      |
|      |      |      |      |      |        |           |      |

合计金额（大写）　壹拾叁万元整　　（小写）　¥130 000.00

会计：王芬　　　　　　　　仓库：秦琳　　　　　　　经办人：郑胜利

第二联：财务记账

**图 2-9　出库单示意图**

"这仓库用的单子，为什么上面还有王会计的签字呢？"

"'入库单'表示仓库收到了相应的货物并办理了入库手续；'出库单'表示仓库发出了货物并办理了出库手续。仓库人员办理了相应手续后，需要报给财务进行复核，王会计复核没问题后，就做账了。"

"王会计怎么复核啊？出、入库手续又不是她办理的，她当时也不在现场。"

"当然有办法复核了，入库时除了有'入库单'还有供应商的发票、采购合同等；同理，出库时除了'出库单'还有给客户开具的发票、客户回款、销售合同等。这些会计人员都是要核对无误的。当然，这个复核只能做到这一步，如果仓库人员贪污、腐败，比如把仓库中的货物偷偷卖了，会计人员从这些单据上也是发现不了的，就得结合'盘点'来查了。"

"感觉会计有时还挺像侦探的。"

"是的，我考考你，会计有两个基本职能，是哪两个？"

"会计核算、会计监督。"我张口就来了，虽然我没有任何实操工作经验，但是大学期间我也是每学期都能拿奖学金的，这么简单的问题当然难不倒我了。

"对，财务复核、审核就体现了'会计监督'的职能。"

看来做会计得理论跟实操相结合才可以啊，若没有李主管这样手把手的指导，我对"会计监督"的认识还停留在理论层面。

# 第3章 透过单据，看业务

我现在已经认识了发票、费用报销单、付款申请单等单据，那这些单据到底有什么用呢？我早就听说了，会计工作要跟各种单据打交道，那各种单据是怎么来的，代表的含义又是什么呢？这些问题靠自己去想恐怕是想不出来的，我还是去请教李主管吧。

"单据在企业里面是有流转过程的。举一个例子，行政部购买A4纸然后报销。行政部购买A4纸应该取得发票，来公司报销时，需要填写费用报销单并需要根据公司财务制度经过审批，然后将发票贴到费用报销单后面交给出纳付款，付款后就有了付款的单据。出纳付款后把单据给会计，然后就可以做账了，最后形成了会计档案。"我把李主管讲解的内容用一个流程图（见图3-1）表示出来。

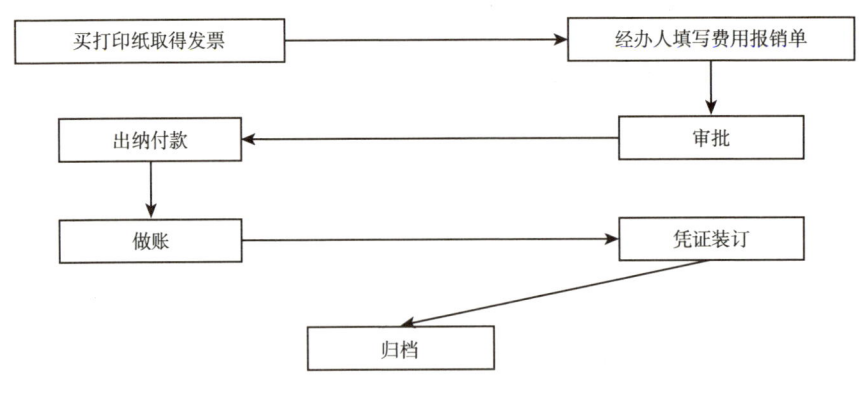

图 3-1 票据流转过程

"所以，会计做账第一步就是'看单'，当会计拿到这些单据后，根据这些单据一般就可以看出企业发生的经济业务；当然有的业务仅通过单据是看不出来的，此时还需要跟业务部门的人员沟通，搞明白发生的经济业务，然后根据经济业务进行账务处理。你能看出下面这张单据（见图3-2）是什么业务吗？"

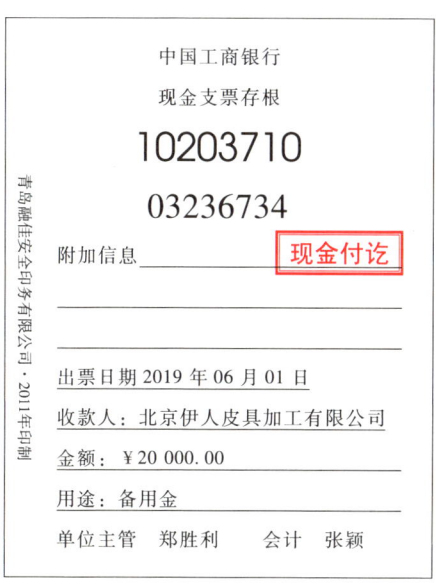

图3-2　现金支票存根联

"这是现金支票的存根联，是去银行提取现金的业务。"

"是的，空白现金支票需要去银行购买，然后由出纳保存在保险柜里。需要提取现金时，出纳填写现金支票，并找领导审核，然后加盖财务专用章和法人名章。把存根联留下进行账务处理。出纳提取现金后还要加盖'现金收讫'章，表示已经收到了现金。"

李主管又翻出一套单据，让我看看这是什么经济业务：第一张（见图3-3）是增值税专用发票，该票是我们公司开给"北京天虹商城股份有限公司"的，从发票上可以看出，企业销售单肩包300个、双肩包200个；第二张（见图3-4）是公司仓库开出去的出库单，显示出库单肩包300个、双肩包200个，这说明仓库发出了这么多货物；第三张（见图3-5）是工商银行电子回单，收款人是我们公司，付款人是"北京天虹商城股份有限公司"，收款金额是102 830元（与发票上面的"价税合计"相等），另外备注是"货款"，说明公司收到这么多钱。

图 3-3 增值税专用发票

出 库 单

供货单位：北京天虹商城股份有限公司　　2019年6月4日　　　　NO.389001

| 编号 | 名称 | 规格 | 单位 | 数量 | 单价 | 金额 | 备注 |
|---|---|---|---|---|---|---|---|
|  | 单肩包 | S1 | 个 | 300 |  |  |  |
|  | 双肩包 | N1 | 个 | 200 |  |  |  |
|  |  |  |  |  |  |  |  |
|  |  |  |  |  |  |  |  |
| 合计金额（大写） |  |  |  | （小写） |  |  |  |

第二联：财务记账

会计：王芬　　　　　　　　　仓库：秦琳　　　　　　　　经办人：郑胜利

图 3-4 出库单

中国工商银行电子回单

| 记账流水号 | 1999767820 |  | 交易时间 | 2019-6-5 9:34 |
|---|---|---|---|---|
| 付款人 | 户名 | 北京天虹商城股份有限公司 | 收款人 | 户名 | 北京伊人皮具加工有限公司 |
|  | 账号 | 6226 6330 1877 5512 |  | 账号 | 0010 6688 4287 2432 |
|  | 付款行 | 中国招商银行北京公主坟支行 |  | 收款行 | 中国工商银行北京经济开发区支行 |
|  | 币种 | 人民币 |  | 金额 | 102 830.00 |
| 金额（大写） | 壹拾万零贰仟捌佰叁拾元整 |  |  |  |
|  | 用途：货款 |  |  |  |
|  | 摘要：货款 |  |  |  |
|  | 验证码：DCFG789YGRRGYHU |  | 打印次数 | 第1次打印 |
| 记账网点： | 公主坟支行 |  | 交易柜员 | c86301 | 打印时间：2019-6-5 10:12:00 |

重要提示：1. 本回单仅做付款凭证，款项的到账以收款方实际到账为准。
　　　　　2. 本回单与本行原始记录不符的，以本行原始记录为准。

图 3-5 工商银行电子回单

"这是公司的一笔销售业务，同时全额收到了货款。"我根据自己的判断说道。

"对，孺子可教也。"李主管接着说，"会计分录怎么写呢？"

"借：银行存款 102 830；贷：主营业务收入 91 000，应交税费——应交增值税（销项税额）11 830 元。"

"你这是书本上学到的会计处理，实务中做凭证时，还需要考虑其他因素，你根据记账凭证（见图 3-6）看看能体会到吗？"

**记账凭证**

2019 年 6 月 5 日　　　　　　　　　　　　　　　　记字第 5 号

| 摘要 | 会计科目 | 借方 | 贷方 |
|---|---|---|---|
| 向天虹商城销售皮包一批 | 银行存款——工商银行 | 102 830.00 | |
| | 主营业务收入——女士单肩包 | | 57 000.00 |
| | 主营业务收入——女士双肩包 | | 34 000.00 |
| | 应交税费——应交增值税——销项税额 | | 11 830.00 |
| | | | |
| 合计：人民币大写：壹拾万贰仟捌佰叁拾元整 | | 102 830.00 | 102 830.00 |

附单据 3 张

会计主管：　　　　记账：　　　　审核：王芬　　　　制单：张颖

图 3-6　记账凭证

我看着这张凭证，感觉有点懵，跟我的会计分录有点像，但是又不一样。我的会计分录是"银行存款"，而记账凭证上是"银行存款——工商银行"，记账凭证对"银行存款"增加了二级科目；另外，主营业务收入，记账凭证中将单肩包、双肩包分开记了。

"设置了明细科目。"

"是的，学会写会计分录只是会计工作最基本的要求，做凭证时，还要考虑企业的实际情况，根据企业实际去记账，这样才是一名合格的会计。我们在'银行存款'下面设置了'工商银行'这个二级科目，是因为现在咱们公司的开户银行就是工商银行。另外，企业会不断发展壮大，将来又可能开立了'农行''招行'等银行账户，设置明细科目后，也可以为以后企业发展留出会计核算上面的空间。总不能'农行''招行'所有银行账户都在'银行存款'一个一级科目下核算吧。不方便对账啊。"

我觉得很有道理,就像我们每个人可能在多家银行开银行卡,我们自己潜意识中也会想到我农行卡还有多少钱、招行卡还有多少钱,所以各银行账户之间要分开记账。难怪老师说,会计最重要的是实操啊,换我这新手会计,才不会考虑这么多,就直接用"银行存款"这个一级科目了。

"那为什么主营业务收入也分明细科目?"

"这也是业务需要,因为我们给业务部门提供数据,他们往往要求按照产品大类提供数据,所以我们平时记账就分产品类别记账了。如果不分,那业务部门要数据时,我们无法从账上快速地查出来,就只能翻凭证了,这将影响工作的效率。同时,我们财务部门提供的数据,业务部门还会从其他角度进行验证,当发现我们的数据不准确时,那就有可能挨骂、降工资,甚至丢工作……"

"这么严重啊。"

"所以说,会计工作看上去并不难,但是要做好也是不容易的。会计核算、会计监督,这两个会计基本职能,也导致了财务部门跟业务部门是有矛盾的,大企业、上市公司还好一些,大家都按照制度执行。小企业各项制度不健全,矛盾就更加明显。"

李主管又找出一张单据(见图3-7),让我看看这是发生了什么业务。

**中国工商银行电子回单**

| 记账流水号 | | 19806987965 | | 交易时间 | 2019/6/5 9:34 |
| --- | --- | --- | --- | --- | --- |
| 付款人 | 户名 | 北京伊人皮具加工有限公司 | 收款人 | 户名 | 北京市人力资源和社会保障局 |
| | 账号 | 0010 6688 4287 2432 | | 账号 | 1100 6330 1877 890983 |
| | 付款行 | 中国工商银行北京经济开发区支行 | | 收款行 | 中国工商银行北京大钟寺支行 |
| 币种 | | 人民币 | 金额 | | 19 130.00 |
| 金额(大写) | | 壹万玖仟壹佰叁拾元整 | | | |
| | 用途:社保扣款 | | | | |
| | 摘要:社保扣款 | | | | |
| | 验证码:DCFGTYGHYTRU | | 打印次数 | | 第1次打印 |
| 记账网点: | | 公主坟支行 | 交易柜员 | c86301 | 打印时间:2019-6-05 10:12:00 |

重要提示:1. 本回单仅做付款凭证,款项的到账以收款方实际到账为准。
2. 本回单与本行原始记录不符的,以本行原始记录为准。

图3-7 工商银行电子回单

这也是一笔银行回单,付款人是我们公司,收款人是"北京市人力资源和社会保障局",由此可以判断这是公司付款的业务,付款金额是19 130元,用途是"社保扣款"。"这是公司付款的银行回单，是'社保扣款'，但我不知道'社保扣款'是做什么用的。"

"这是公司缴纳社保的银行回单，每月都有。当你通过回单不知道发生的业务时，就得去跟别人沟通了，比如你作为一个会计新人，可以先请教其他资深同事看看能不能弄明白，明白经济业务才能做账啊。"

"那请李姐教教我，社保扣款是怎么回事？"

"这个现在对你来说有点难，人的成长都有一个过程，你先从简单的经济业务学起吧。"接下来，李主管给我安排了工作，并叮嘱我有时间多翻翻以前月份的凭证，熟悉公司业务、学习会计处理。

原来单据并不是冷冰冰的一张纸，它们是会说话的。我突然想起萧何随刘邦攻入咸阳的故事，攻入咸阳后，将士们见秦都宫殿巍峨、街市繁华，顿时忘乎所以，纷纷趁乱抢掠金银财物，连刘邦也忍不住。唯独萧何，进入咸阳后，急如星火地赶往秦丞相御史府，并派士兵迅速包围丞相御史府不准任何人出入。然后让忠实可靠的人将秦朝有关国家户籍、地形、法令等图书档案一一进行清查，分门别类，登记造册，统统收藏起来，留待日后查用。因为，依据秦朝的典制，丞相辅佐天子，处理国家大事；御史大夫对外监督各郡御史，对内接受公卿奏事。除了军权外，丞相和御史大夫几乎总揽一切朝政。萧何收藏的这些秦朝的律令图书档案，使刘邦对天下的关塞险要、户口多寡、强弱形势、风俗民情等了如指掌，为制定正确的方针政策和律令制度找到了可靠的根据，对日后西汉政权的建立和巩固，起到了巨大的作用，功不可没。

# 第4章　只有"老会计"才懂的会计行话

在企业实习的这段时间里，我每天都能学到很多东西。似乎有一块新大陆出现在自己面前，它是那么新奇、那么美好。我也希望自己有一天能像李主管、崔总那样成为财税行业的佼佼者，可是我又有点担心、有点害怕，这块大陆里面是不是也存在很多陷阱、泥潭？我能在里面找到属于自己的栖息之地吗？

前一天晚上就这样迷迷糊糊地睡了，第二天伴随着闹钟的铃声起床，我提前半小时来到办公室。这是从小养成的习惯，无论是上课还是考试，我总是给自己规划半小时的富余时间，以防路上发生什么意外。我发现崔总、李主管来得比我还要早，但是其他几个财务人员大部分时候都卡着点来上班。我把前一天李主管教给我的东西都回顾了一遍，再想想自己还有什么不明白的地方，有时候我会为自己想明白了一个点而沾沾自喜。

"小白，你看着那些单据笑什么？"

突然传来崔总的声音，"崔总好，我觉得看这些单据也挺有意思的。就拿销售部李玉荣填写的这张差旅费报销单来说，再结合着火车票、住宿发票、打车票，我都知道她的活动路线了。我突然想到之前看的一个电视剧《我的前半生》，罗子君为了争取儿子抚养权，跟陈俊生打官司寻找各种证据。其实如果她跟陈俊生公司的财务人员是好朋友，找证据太容易了。"

"不错啊，刚刚接触财务工作就能体会到这个。到我办公室来把你这段时间的工作给我汇报一下。"

我把这段时间以来跑腿、打印复印资料、核对发票、看报销单据的事情都向崔总汇报了一遍，特别说明了自己的收获以及感悟。

"你还没有做过会计凭证吧？"

"是的，还没有做凭证，我看到王会计他们每天都在做凭证，有时还讨论怎么做凭证合理。"

"若是让你做凭证，你觉得自己能胜任吗？"

"我不知道，不过我愿意试试。我对自己有信心！"

"资产负债表和利润表的勾稽关系怎么体现？知道吗？"

"哦，不知道，我知道有这两个报表，它们之间还有勾稽关系啊？我不懂。"刚自夸完，这下完了，人家一个问题就把我给难住了，一会儿去请教一下李主管。

"这个问题对你来说可能太难了，换一个简单的吧，怎么理解'借贷记账法'？"

"'借贷记账法'就是'有借必有贷，借贷必相等'，发生的一笔经济业务要在两个或两个以上的账户中同时登记。'借'和'贷'只是记账符号，本身并不存在实际含义。"我把脑子里记着的内容都说出来了。

"你这是死记硬背课本上的内容，假设我对会计一窍不通，你现在给我讲'借贷记账法'，你讲讲看？"

"那我从发生的业务来讲吧。比如，从银行提取现金10 000元，这时银行存款减少了，库存现金增加了，因此，会计分录就是'借：库存现金10 000；贷：银行存款10 000'。当把现金存入银行时，就做跟刚才相反的会计分录。"

"这还是在死记硬背啊，死记硬背是一种学习的方法，不过如果不能真正理解，实际工作中并不会用啊。销售部李玉荣借款2 000元去出差，你怎么写分录啊？"

"借：销售费用——差旅费　2 000；贷：库存现金/银行存款　2 000。"我心里窃喜，这也太小看人了吧，拿这么简单的分录来考我，还说我没有真正理解。

"销售部李玉荣借款2 000元去出差，为什么要走'销售费用'啊？"

"'走'？崔总，没有'走'啊？'销售费用'没有'走'啊，我要记'销售费用'。"

崔总噗嗤一声就笑了，"'走'是咱们会计的行话，平时说'走'什么科目其实就是'记'什么科目的意思。"

"原来这样啊，我又涨知识了。"这些财务人员真有意思，整天核对单据、做凭证还不够忙啊，还有心思去发明会计行话。

"每个圈子都有自己的行话，'到什么山上唱什么歌'。要想做会计，如果会计行话一点都不懂的话，你跟别人交流都费劲啊。"

"嗯嗯。"我赶紧点头，刚才交流已经很费劲了。

"我给你讲几个常用的会计行话，你可记牢了。第一个'冲账'，你听到'冲账'这个词觉得是什么意思啊？"

"崔总，是'充值'的'充'吗？那'充账'从字面来看就是往账里面充……充钱，那就是假账。"

我看到崔总大笑着靠在椅子背上，哎呀，看来我又出丑了。"'冲账'是'冲刷'的'冲'，根本就没有'充账'这个词儿。'冲账'指的就是原来记账记多了，要把多记的部分给冲掉。"

"那怎么'冲'啊？"

"用红字冲啊，你知道'红字更正法'吧？"

"知道，'红字更正法'就是'记账凭证的会计分录或金额发生错误，且已入账，更正时，用红字填制内容相同的记账凭证，冲销原有错误记录，并用蓝字填制正确的记账凭证，据以入账的一种更正错账的方法'。"

"记忆力不错，张口就来。'冲账'一方面是表达红字冲销的意思，另外还有一层含义就是把原来的分录，用相反的方向做一次，也是'冲账'的作用。"

"嗯，我明白了，像实现收入后，客户又退货，那退货的账务处理就是从相反的方向做的。实现收入的会计分录是'借：应收账款；贷：主营业务收入、应交税费——应交增值税（销项税额）'；退货的会计分录就是'借：主营业务收入、应交税费——应交增值税（销项税额）；贷：应收账款'。"

"听你讲的会计分录，就知道你没有实操经验，只是把会计理论学得比较扎实而已。"

"我在备考初级啊，初级的教材上就这么写的啊。这个跟实操经验有关系吗？"

"看来复习得不错啊，人都是有一个学习成长的过程的，什么时候你把我刚才说的话体会到了，你就是一个优秀的会计了。接下来，第二个'挂账'，你猜这个是什么意思啊？"

"'挂账'说的是把账挂起来。"我根据字面意思理解。

"'挂账'常见的表达含义就是'确认某会计科目的意思'。采购原材料未付款怎么写分录？"

"借：原材料；贷：应付账款。"

"'贷：应付账款'，其实就是'确认为应付账款'的意思，也就是，增加了应付账款；'挂管理费用'，指确认为管理费用，即将费用计入管理费用中，从而增加了管理费用。"

我不停地点头，希望把她说的每一个字都牢牢记住。

"第三个，'白条'。知道什么意思吗？是白色的条子？"

她戏谑地看着我，这个老妖婆，今天是拿我寻开心来的吧。"我不知道，请崔总教我。"

"'白条'就是不正式的票据，如报销时不合规的票据，替代现金的欠条。比如，小白你今天没带现金，中午出去吃饭又要花钱，你就给出纳写了一个欠条，她从保险柜中拿了100块钱给你，那你写的那个欠条就是'白条'。"

"咱公司出纳特别小气抠门、不近人情，我有次拿一张50元的让她给我换成5张10块的，她都不肯。我要是让她写个欠条，估计她能把欠条扔到我脸上。"

"每个人的处事方式不一样，但是作为财务人员，需要坚持原则、坚守底线。"

"接下来第四个，'小金库'，指的是'收到钱时，不让会计做到公司账面上，放到账外进行支配'。像一些小企业，对外销售也不开票，客户回款就直接回到老板的个人账户了，这就形成了'小金库'。"

"第五个，'萝卜章'，猜猜这个是什么意思？"

"'萝卜章'，是用萝卜刻的章吗？想不到萝卜还可以用来刻章啊，萝卜有很多种啊，胡萝卜、白萝卜、青萝卜、水萝卜……我猜是用胡萝卜刻的章。"

等我说完，崔总哈哈大笑地靠在她那老板椅的靠背上。"'萝卜章'就是假章。跟萝卜还没啥关系。"

"第六个，'阴阳合同'，这个知道吧？"

"知道，崔永元举报范冰冰通过'阴阳合同'逃税案，也就是对同一事项订立两份以上的内容不相同的合同，一份对内，一份对外，其中对外的一份并不是双方真实意思表示，为了偷逃税款。"

"对，一些P2P网贷平台使用的借款合同，也是'阴阳合同'，好多人稀里糊涂地上当。"

"是的，那些借款平台还去我们学校推广了哪，让我们学生贷款。有个男同学借了 1 万元，他女朋友有一天收到 100 多条短信，她害怕就报警了，通过警察才知道他男朋友借钱了，借钱的原因是要给女朋友买苹果手机做生日礼物，最后那个女同学因为受不了借款平台催款压力跟男同学分手了，那个男同学原来借的 1 万元最后变成了 50 万元，他父母卖了家里房子帮他把贷款还清了。"

"这是一个很悲伤的故事啊，小白，你怎么看待那些'买买买'的人？"

"我不是那种人，不理解他们的想法。我妈妈经常告诉我'家有余粮，心中不慌'。当自己挣 1 000 块时，最多花掉 800 块。"

"节俭是一个好习惯，但是，人生不能只靠节俭，最主要的是努力。"

崔总这句话让我倍感亲切。她的观点跟我父母是一样的，小时候妈妈就经常告诉我："人生所有的幸福和快乐主要来自两个方面：一是努力，二是控制自己的欲望。通过努力，创造自己想要的生活；当超出自己的负担能力时，就控制好自己的欲望，延迟满足它。"

"马上到上班时间了，你回去思考两件事：一是'销售部李玉荣借款 2 000 元去出差'怎么写分录；二是怎么理解'借贷记账法'。"

# 第5章　会计沟通很重要

我回到办公室，赶紧把崔总刚才说的6个会计行话记下来，记住别人说过的话，是对人的尊重。至于她让我思考的两个问题，现在是信息社会，这还难得住我吗？我加入了很多会计微信群，再说了我还可以到网上去查啊。

就第一个写会计分录的问题："销售部李玉荣借款2 000元去出差"，我在10个微信群里跟人请教、讨论了半天，最终得到5个答案。然后我又上网去查，网上的说法就更多了。我把这5种答案都列出来，逐个分析判断。

（1）借：销售费用——差旅费　　　　　　　　　　　2 000
　　　贷：其他应收款——李玉荣　　　　　　　　　　　2 000

原因：销售人员出差的费用就应该计入差旅费，因为原来有借款，所以要贷记"其他应收款"。这个答案我觉得比较靠谱，所以放在第一个。

（2）借：其他应收款——李玉荣　　　　　　　　　　2 000
　　　贷：销售费用——差旅费　　　　　　　　　　　　2000

原因：销售人员借款2 000元，所以借记"其他应收款"；另外把款项用于出差了，所以贷记"销售费用"。这个答案借方感觉挺有道理，至于贷方嘛，我从没学过贷记"销售费用"。

（3）会计分录没法写，原因是信息不全。这个答案最让我无语。

（4）借：销售费用——差旅费　　　　　　　　　　　2 000
　　　贷：库存现金　　　　　　　　　　　　　　　　　2 000

这个人的答案跟我的一致，看看这个群友的名字叫"在路上"。同是天涯沦落人啊，不过，这个答案肯定是错的。

（5）借：其他应收款　　　　　　　　　　　　　　　2 000
　　　贷：库存现金　　　　　　　　　　　　　　　　　2 000

原因：这是一笔借款业务。

我被这些答案整得晕头转向的,直怀疑上学时学的会计专业是个假专业。中午吃饭的时候,我把我的问题以及上午得到的5种答案都跟李主管说了,请李主管帮我分析。

"首先,当别人问你一个问题的时候,你要去思考、分析他的问题,先把问题搞清楚。而不是立马就去找答案。'销售部李玉荣借款2 000元去出差',里面包含几项经济业务?"

"两个:一是借款,二是出差。"

"我们实际工作中,业务部门跟我们讲一件事情时,他们给出的信息非常多,或者是不全的,因为他们是不懂会计的,他们只是把发生的业务描述出来。对你来说,你需要把他们提供的信息予以加工、分析,然后再想怎么处理,有没有合同啊,是否符合公司制度,是否符合全面预算,会计分录该怎么写,发票有什么问题,税款计算要注意什么……你能听懂吗?"

"这么复杂啊,难怪听学长们说,做会计就是'拿着卖白菜的钱,操着卖白粉的心',看来真的很苦啊!"

"跟你'吐槽'做会计很苦的学长们,他们转行了吗?"

"这个,我不是很了解,应该有转行的。"

"成年人的世界没有'容易'二字,做什么不苦啊,农民工轻松吗?做销售轻松吗?当皇帝容易吗?当皇后、嫔妃轻松吗?……每个行业、每个职业都有它的特点,世界是公平的。"

"她那时候还太年轻,不知道所有命运赠送的礼物,早已在暗中标好了价格。"我想起了《断头王后》中的一句话。

"这是茨威格评价玛丽·安托瓦内特的话。你也知道她的故事?"

"玛丽·安托瓦内特原是奥地利公主,14岁的时候就成为法国的王太子妃,18岁成为法国王后,丈夫很爱她,由着她的性子建宫殿,夜夜笙歌,以至于玛丽·安托瓦内特的亲哥哥从奥地利专程来法国规劝自己的亲妹妹,对她说你现在是法兰西王后,你能不能每天读一小时书,这并不难。玛丽对哥哥说:我不喜欢读书,我喜欢享受生活。20年后,玛丽·安托瓦内特上了断头台,被称为断头王后。"

"做会计确实有很多苦的地方,月初、月底要加班,很忙,元旦、清明、五一、十一都在征期,放假前别人都在想去哪里玩,而我们想的是结账、出报表、报税。"李主管说。

"是的，11月总共30天，1—15日是月初，16—30日是月底。这个月除了月底、月初没有其他日子了。"我说完后，叹了一口气，觉得面前的黄焖鸡米饭索然无味。

吃完饭我和李主管在办公楼下散步，11月已经是深秋了，北京开始变冷。树叶飘零，路边的银杏树上挂满了金黄色的叶子，阳光照过来，分外地好看。"好美啊。"我由衷地赞美道。

"盼盼，你觉得刚才咱们沟通得怎么样啊？评价一下吧。"

"挺好，我每次听李姐讲话，都能增长不少知识。"

李主管噗嗤一声笑了，"从工作的角度来说，刚才的沟通糟透了。"

"为什么啊？"

"你的问题解决了吗？"

"是啊，刚才聊着，就不由自主扯远了，我是向你请教会计分录的。"

"永远记住你的目标，在跟业务人员沟通时也是这样，他们不懂会计、不懂税法，不认识发票。当跟他们沟通时，如果发现谈话内容偏离你的目标就要赶紧纠正，否则你们的沟通就是无效沟通，纯粹浪费时间，无效的沟通就会导致无效的工作。"

"做会计，'沟通'很重要吗？"

"当然，你看我每天要花很多时间跟业务人员沟通；你看崔总，每天跟人沟通的时间就更多了，每天很多人在她办公室门口排队找她。你说'先有会计，还是先有业务'？"

"哦，'先有鸡还是先有蛋'的问题。"

"'先有鸡还是先有蛋'是没有明确的答案的，我刚才的问题有明确的答案，肯定是先有业务再有会计处理。所以沟通，特别是有效沟通，非常重要。"

"我明白了，那需要很多的沟通技巧吧？我这拙嘴笨舌的。"

"不需要多少技巧，把业务弄清楚，并且把会计、税法上的规定传达给业务人员，让他们理解。"

"我知道了，那个会计分录到底该怎么做啊？"

"'销售部李玉荣借款2 000元去出差'是很常见的业务，'借款'是真正发生的业务，需要做会计分录；而'出差'，这是业务人员借款的事由，暂时不需要做账；但是后期，李玉荣出差归来后到财务报销费用，报销费用时需要做会计分录。你想想是不是这个道理？"

听她分析得头头是道的，像是这么一个道理。"李玉荣去出差，我们不需要做账？"

"当然不需要，会计核算的是发生的经济业务，他去出差到底能否算经济业务此时无法确定。那什么可以确定？就是他回来后走报销流程，经过领导审核、签字后，那才能说明经济业务确实发生了，我们需要进行账务处理。"

"哦哦，没有经过领导审核、批准的单据不能做账，那也不能付款，对吧？"

"当然不能了，'会计主体'是什么？"

"'会计主体'就是会计工作为其服务的特定单位或组织。"

"对，你从事会计工作的公司才是'会计主体'，但会计人员不是公司的老板、股东，李玉荣出差报销费用是报销 2 000 元还是报销 3 000 元？这不是会计人员说了算的，因此，没有经过批准，不能入账、不能付款。"

"出差报销费用时，有财务制度啊！"

"对，是有制度，所以我审核业务人员的单据时，根据公司财务制度、会计税法要求做审核。我们财务人员的审核只是形式审核，无法做到实质审核，业务是他们经手的，我们又不在场。"

"所以，即使有财务制度，也必须在领导审批同意后，我们才能做账。"

"孺子可教也，那个会计分录怎么写？"

"'销售部李玉荣借款 2 000 元去出差'只是发生了一笔业务，我只做借款的会计分录，所以借记'其他应收款——李玉荣'，但是贷方我还需要跟出纳确认，是付的现金还是银行转账？如果是支付现金，那就贷记'库存现金'；如果是银行转账，那就贷记'银行存款'。"

"赞！"李主管对我伸出大拇指。

回过头来，看我这一上午在微信群里跟人讨论了半天得到的 5 个答案，还不如向李主管请教半小时收获大。看来，遇到问题找专业、靠谱的人咨询就是了，找太多专业水平不怎么样的人讨论，反而混淆视听，难怪古人说"谋可寡不可众"。

## Part 2

第二部分：

# 渐入佳境

# 第6章 "借""贷"只是记账符号吗

这天下午李主管去税务局办事了,我把李主管安排给我的工作做完后就比较闲了,再加上今天是周五,下午已经没有心思工作了。我翻看之前装订好的凭证,希望从中找到理解"借贷记账法"的思路,结果遇到了更大的难题。我发现好多凭证我都看不懂,更别说去理解"借贷记账法"了。就这样到了下午5点钟,收到老师在微信群里发的一条消息:明天上午毕马威来学校宣讲校招,而且我们的一个学姐也在其中。这个学姐叫刘玉梅,是我们老师的骄傲,年年拿奖学金,英语六级考了700分,顺利进入"四大"之一的毕马威工作,而且一路升值加薪、过关斩将,现在已经是高级经理了,拿着很高的年薪。

过了一会儿,又收到老师的消息,今天晚上8点要开班会,刘玉梅学姐也将受邀参加。收到这条消息我特别兴奋,终于可以和职场精英面对面交流了。5点半下班后我就匆忙走了,在学校食堂匆匆吃过晚饭后早早来到教室。

自从大四实习后,好多同学已经久未见面了,大家七嘴八舌地讨论着实习情况,就连考研的同学也来参加了,由此可以看出毕马威的魅力。也许大家早就意识到了,人都是要去工作的,即使去读硕士、博士、博士后,也只是延迟几年进入职场而已。

班会开始,老师简单介绍后,我们以极大的热情邀请刘玉梅学姐给我们分享职场工作经验。只见刘玉梅学姐大方地站在讲台上,举手投足之中显现出职场精英的"范儿"。

"各位学弟学妹们,首先我给你们讲一个故事,这是我的感悟,故事来源于网络,你们可以在网上查到。

牛耕田回来,躺在栏里,疲惫不堪地喘着粗气,狗跑过来看它。

'唉,老朋友,我实在太累了。'牛诉着苦,'明儿个我真想歇一天。'

狗告别后，在墙角遇到了猫。狗说：'伙计，我刚才去看了牛，这位大哥实在太累了，它说它想歇一天。也难怪，主人给它的活儿太多太重了。'

　　猫转身对羊说：'牛抱怨主人给它的活儿太多太重，它想歇一天，明天不干活儿了。'

　　羊对鸡说：'牛不想给主人干活儿了，它抱怨它的活儿太多太重。唉，也不知道别的主人对他的牛是不是好一点儿。'

　　鸡对猪说：'牛不准备给主人干活儿了，它想去别的主人家看看。也真是，主人对牛一点儿也不心疼，让它干那么多又重又脏的活儿，还用鞭子粗暴地抽打它。'

　　晚饭前，主妇给猪喂食，猪向前一步，说：'主妇，我向你反映一件事。牛的思想最近很有问题，你得好好教育它。它不愿再给主人干活儿了，它嫌主人给它的活儿太重太多太脏太累了。它还说它要离开主人，到别的主人那里去。'

　　得到猪的报告，晚饭桌上，主妇对主人说：'牛想背叛你，它想换一个主人。背叛是不可饶恕的，你准备怎么处置它？'

　　'对待背叛者，杀无赦！'主人咬牙切齿地说道。

　　可怜，一头勤劳而实在的牛，就这样被传言'杀'死了。

　　学弟学妹们觉得牛冤不冤啊？"

　　"冤，很冤……"我们异口同声地说道，个别同学已经是咬牙切齿了。

　　"在职场上，避免不了跟人打交道，有人的地方就有江湖，就有是非。"学姐说道："人，用一年的时间学会说话，但是要用一辈子学会闭嘴。每个地方都有像猪那样给领导打小报告的人，还有像狗、猫等搬弄是非、以讹传讹的人，要想在职场有长远的发展，就不要去搬弄是非、传播谣言。当然，'谁人背后不说人，谁人背后无人说'。我们做不到背后不说人，但是工作中最主要的是做好自己的本职工作，而不是到处搬弄是非。另外，如果你遇到了像故事中的牛这样的情况，不要坐以待毙，要及早沟通、消除误解，沟通是解决事情最好的方法，连战争都可以坐下来谈判沟通，工作当中的事情几乎都可以通过沟通来解决。"

　　我非常赞同学姐的话，做会计，沟通非常重要啊，仔细观察办公室里的每个人，每个人每天都要花很多时间去沟通，而且职位越高，沟通占用的时间就越多。教室里响起来热烈的掌声。

"接着，我给各位学弟学妹分享一下'借贷记账法'，诗人歌德赞美借贷记账法是'人类聪明的绝妙创造'。这也是我们会计生涯的第一个拦路虎，我当时就是靠死记硬背掌握的。你们怎么学的啊？"

"死记硬背。"我们是同一个老师，学习的方法当然相同。

"'死记硬背'是一种方法，但是重在理解，只有理解了，才能真正会用。其实老师教给我们'借''贷'只是记账符号没有特定含义，是因为借贷记账法传到我们国家时，就像上面故事中的狗、猫一样，信息被倒了几次手，翻译后信息失真了，所以老师教学的时候只能让学生死记硬背。"

教室里传来了一阵唏嘘声。

"会计最早起源于意大利，后来经过发展又流传到英国，再后来流传到日本，最后才流传到中国，我们现在用的'借贷记账法'是经过'三传手'才传到中国的。'借''贷'是从日语中翻译过来的。"

"为什么不能直接从意大利流传到中国？"同学们七嘴八舌地问道。

"当时清政府闭关锁国，传不进来啊。"学姐笑道，"在意大利，'借贷记账法'的设计初衷，是为了记录款项的借出和贷入的需要，'借''贷'都是有含义的。"这时，学姐拿起粉笔在黑板上写道：

"借"指借出款项，即债权增加（应收款），表示现金流出。

"贷"指收入款项，即债务增加（应付款），表示现金流入。

同学们纷纷拿起手机拍照。"'借''贷'最早用于记载现金流量的方向，借方表示现金流出，贷方表示现金流入，这里的'现金'指的就是'资金'，也就是'钱'。至于为什么'借方表示流出，贷方表示流入'，这就是一个约定，就像交通规则里面，约定'行人、汽车要走右边'一样。"学姐在黑板中间又画出了这样一张图（见图6-1）。

| 现金流出 | 现金流入 |
|---|---|
| 资产 | 负债 |
| 成本 | 所有者权益 |
| 费用 | 收入 |

图6-1 会计要素

"先看左边三个会计要素：对企业来说，所有能增加现金流出的业务都表现为现金的流出，而增加现金流出的业务主要是'资产'（非现金）、'成本'、'费用'的增加。当企业购置非现金资产，发生费用支出时，其表现是'现金的流出'。因此，当'资产'（非现金）、'成本'、'费用'增加时，因为导致现金流出，记入借方；反之，所有能增加现金收入的业务都表现为现金的流入，对'资产'（非现金）、'成本'、'费用'来说，增加现金流入的业务主要是非现金资产转换为现金，因此当非现金资产包括费用减少时，表现为现金的流入，记入贷方。"

学姐停顿了一会儿，继续说道："再看右边的三个会计要素，对企业来说，债务、资本的增加，表现为债权人和所有者对企业的投入增加，因此产生的是现金的流入，记入贷方；而收入的增加，带来的也是现金的流入，与费用的增加正好相反，因此记入贷方。反之，向债权人归还借款，投资人撤回投资，即负债减少、资本减少，表现为现金的流出，因此记借方。收入的减少，表现为现金流入的减少，也即现金流出，记为借方。"

我仔细品味学姐的话，这样确实更容易理解。"接下来，我们对这个规则做个总结：资产、成本、费用的增加，导致现金的流出，记入借方，反之记入贷方；负债、所有者权益和收入的增加，导致现金的流入，记入贷方，反之记入借方。"学姐继续讲道："其实从资金流入、流出的角度理解'借贷记账法'，也有助于你们理解财务报表，这个留给各位学弟学妹们自己体会吧。"学姐停顿了一会儿说："各位学弟学妹们有什么问题要提问吗？"

"学姐，会计会被人工智能替代吗？现在很多超市的收银员都下岗了。我们还有必要进入这个行业吗？还是趁早转行？"一个男同学问道。

学姐微笑着说道："会计这个行业不会消失，只要跟钱打交道，就离不开会计。虽然大数据、人工智能在发展，特别是财务机器人的诞生，确实减轻了会计人员的工作量，对一些基础性岗位的需求减少了，但并不会消失。就像现在电话、语音、视频都很方便，但是人与人之间仍然需要见面；移动公司客服有语音自助服务，但是大部分人都会直接选择人工服务。会计也是一样，自动化系统再强大，也需要人操作的。当老板需要决策的数据时，难道让他们去找机器、找系统吗？那老板必须得是会计高手，'资产''负债'这些东西，他们可看不懂。"

"非会计专业的能进毕马威吗？比如市场营销专业。"原来别的系的同学也来旁听了，看来毕马威的名头太大、太有吸引力了。

"可以，四大招聘都是不限专业的，会计是一个人文学科，非会计专业的人照样可以做好会计工作。而且，实务中，会计的门槛很低，有的人甚至初中都没有读完，后来经过不断努力，考初级、中级、注册会计师，在财税行业做得很出色。朱元璋也是乞丐出身，但不是每个乞丐都能'逆袭'成皇帝的。"

"初中还没有毕业能报考初级吗？我记得不能报名。"另一个同学问道。

"不能报考，但可以去修一个中专、大专学历啊，也可以参加自考，考一个大专学历。办法总比困难多。"学姐回答道。

今天晚上的班会就在学姐的经验分享中结束了，我感觉自己又有进步了，把"借贷记账法"理解了。晚上早点睡觉，明天去听毕马威的校招宣讲。

# 第7章　左右两边"借"与"贷"

晚上回到宿舍，我拿出笔记本把今天晚上学到的东西记录了下来。其实学习的时候还是记学习笔记好用，虽然手机拍照了，但拍完照片后，我就不再去看了。但是整理的笔记不同，我会隔三差五拿出来温习一遍。这大概就是从小学习养成的习惯吧。

关于"借贷记账法"的理解：现金流出的方向记在"借方"，现金流入的方向记在"贷方"。"现金流出""现金流入"，我觉得这两个词太文邹邹，能否换成别的词呢？现金就是钱啊，现金流出就是钱流出，也就是付钱啊，现金流入就是收钱啊，这样替换后就是：付钱的记"借方"，收钱的记"贷方"。那存在既不收钱也不付钱的情况吗？

"盼盼，还在学习哪？"刘丹丹问我。

"我在想，现金流出记'借方'，现金流入记'贷方'，那既没有现金流出又没有现金流入咋记？"

丹丹笑了，"那还记什么账啊？不用记。"

对，是我脑子短路了，会计记录的是发生的经济业务，既没有付钱又没有收钱，那就跟会计没有关系，根本就不用记。

资产增加，比如：存货增加了，那企业就要付钱去买原材料，所以记到"借方"；而成本、费用是资产的消耗，比如：企业把存货卖了，那这些存货就变成了成本，所以成本、费用增加也记到"借方"。资产、成本、费用减少正好相反。企业的负债、所有者权益、收入增加了，说明企业收到钱了，因此，记入"贷方"，减少正好相反。

我发现只要把借、贷方向理解了，理解"T型账户"也容易多了。"T型账户"是"T"字形状的，分成了左右两个区域，分别对应借贷两个方向，左边是借方，右边是贷方，中间上方是会计科目。另外，下面再画一条与上面一横平行的虚线，用来写本期发生额和期末余额，如图7－1所示。

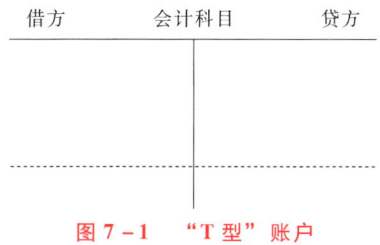

图7－1　"T型"账户

每一个科目都可以编写"T型账户"，首先在横线下面第一行要填上"期初余额"，至于期初余额在借方还是贷方，一般来说，资产、成本类在借方，负债、权益类在贷方；然后根据发生的经济业务填写本期发生额；最后计算出期末余额。具体如图7－2所示。

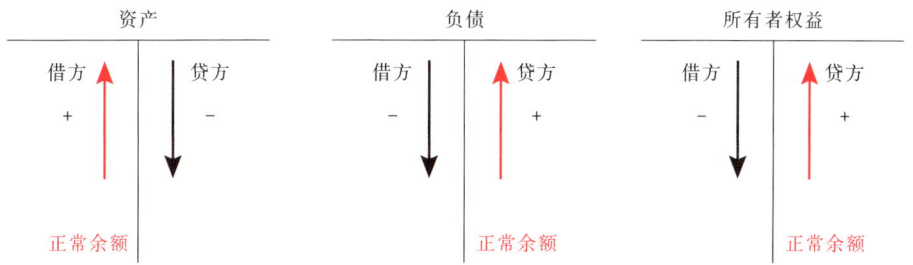

图7－2　T型账户编制示意图①

期末余额 = 期初余额 + 本期增加发生额 − 本期减少发生额

资产、负债、权益类账户本期发生额和期末余额计算如图7－3所示。

| 借方 | 资产 | 贷方 | | 借方 | 负债 | 贷方 |
|---|---|---|---|---|---|---|
| 期初余额 | | | | | | 期初余额 |
| + | | − | | − | | + |
| 本期借方发生额 | | 本期贷方发生额 | | 本期借方发生额 | | 本期贷方发生额 |
| 期末余额 | | | | | | 期末余额 |

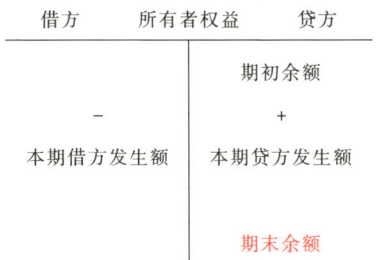

图 7-3 T型账户编制示意图②

费用、收入和利润类账户本期发生额和余额计算如图 7-4 所示。

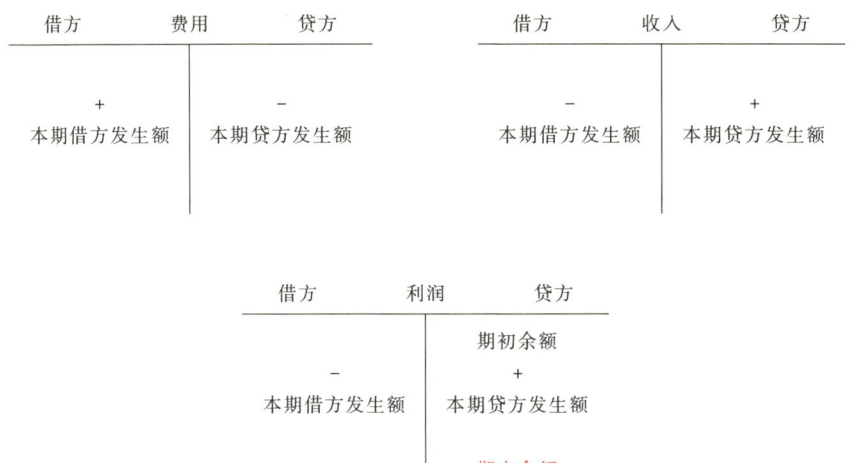

图 7-4 T型账户编制示意图③

有了"T型账户"后,每一笔经济业务都可以把账户的增减变动表示出来,根据账户就可以写出会计分录了。

(1) 企业从银行提取现金 10 000 元,则资产中的银行存款减少 10 000 元,同时,资产中的库存现金增加 10 000 元。画出的"T型账户"如图 7-5 所示。

图 7-5 T型账户

因此，会计分录就是：

借：库存现金　　　　　　　　　　　　　　　　　　10 000

　　贷：银行存款　　　　　　　　　　　　　　　　　　10 000

（2）企业赊账购入一台设备，成本是 50 000 元，则资产中的固定资产增加 50 000 元，同时负债中的应付账款增加 50 000 元。画出的"T 型账户"如图 7-6 所示。

图 7-6　T 型账户

因此，会计分录是：

借：固定资产　　　　　　　　　　　　　　　　　　50 000

　　贷：应付账款　　　　　　　　　　　　　　　　　　50 000

（3）用银行存款偿还银行短期借款 200 000 元，资产中的银行存款减少 200 000 元，同时负债中的短期借款减少 200 000 元。"T 型账户"如图 7-7 所示。

图 7-7　T 型账户

因此，会计分录是：

借：短期借款　　　　　　　　　　　　　　　　　　200 000

　　贷：银行存款　　　　　　　　　　　　　　　　　　200 000

（4）公司所有人向公司投入资本 100 000 元，存入银行，资产中的银行存款增加 100 000 元，同时所有者权益中的实收资本增加 100 000 元。"T 型账户"如图 7-8 所示。

图 7-8 T 型账户

因此，会计分录是：

借：银行存款　　　　　　　　　　　　　　　　100 000

　　贷：实收资本　　　　　　　　　　　　　　　　100 000

（5）向股东分配红利 20 000 元，款项尚未支付。负债中的应付股利增加 20 000 元，同时所有者权益中的未分配利润减少 20 000 元。"T 型账户"如图 7-9 所示。

```
     应付股利                利润分配——未分配利润
   |                        |
   |   20 000               |   20 000
   |                        |
```

图 7-9 T 型账户

因此，会计分录是：

借：利润分配——未分配利润　　　　　　　　　　20 000

　　贷：应付股利　　　　　　　　　　　　　　　　20 000

理解"借贷记账法"的原理后，原来写会计分录是非常容易的，我把过程梳理一遍：

①首先需要理解会计的六大要素，什么时候该记借方、什么时候该记贷方；

②借助会计要素，掌握会计科目；

③当发生经济业务时，分析经济业务的影响，画出该经济业务对"T 型账户"的影响。

④根据"T 型账户"写出会计分录。

# 第8章　资产负债表和利润表有什么关系

第二天，我跟舍友刘丹丹早起收拾完毕，在学校食堂吃过早饭后，就来到了学校礼堂，找个位子坐下。跟我去企业实习不同，刘丹丹去了会计师事务所实习。礼堂中比较安静，大部分同学都在低头刷手机，当然我和刘丹丹也不例外，手机已经成为我们生活中必不可少的一部分。

宣讲会开始了，首先学校领导做了开场介绍，接下来，毕马威的小哥哥、小姐姐们介绍了招聘流程、招聘职位、要求等。他们在讲台上意气风发，流利的中文中还穿插着英文，而且是那么自然、熟练，跟他们相比，我自惭形秽，我的英语只能用于考试，不能用来对话交流。通过他们介绍我才知道，四大都是纯英文工作环境，电脑操作系统也都是英文的，所以他们招聘时，笔试、面试也均以英文为主。在最后的交流环节，有的同学直接用英语跟毕马威的招聘人员沟通，我真后悔没有好好学习英语口语。我从小就被教导"开卷有益"。我大学时期的课余时间主要用在了图书阅读上，金庸、琼瑶、普希金、莎士比亚……就连"四大"是什么，也是大三下学期听老师讲的。网上说"贫穷限制了想象力"，今天看来，哪只是限制了想象力啊，还让我们错失了很多的机会。

宣讲结束后，我和刘丹丹默默地走出学校礼堂。"听了毕马威的宣讲，我感觉好失落啊。"丹丹悻悻地说道。

"我也是，看来我们是进不了'四大'了，再看其他的工作机会吧。"我安慰她道。

"听说人在伤心、难过的时候要多吃甜食，我现在好想吃蛋糕。"

我们俩人走进学校门口的"好利来"蛋糕店，我买了一个手撕面包，丹丹买了她平时最爱吃的蜂蜜蛋糕。我们回到宿舍，面包、蛋糕就充当我们的午饭了。其他同学没在宿舍，我俩一边吃东西，一边刷着手机。我发现在伤心、难过时，能带给我安慰的是手机；平淡的生活里面，能带给我欢乐的也是手机。

"快看这条新闻，'4 500万元消失不见！两套'萝卜章'骗过了农行？'。真想不到，原来萝卜还可以用来做印章啊，不知道用的是哪种萝卜"。丹丹边吃边说着。

我被她逗乐了，"'萝卜章'并不是使用萝卜做的章，'萝卜章'指的就是假章。这是会计行话，我也是昨天才学到的。"看来丹丹还不知道会计行话，"企业这么大金额的存款消失了，有内鬼吗？俗话说'没有内鬼，引不来外贼'。"

"厉害，让你说中了，一个会计主管在里面起了作用，她收了68万元的好处费。"

"在我们公司，出纳是老板的亲妹妹。公司哪怕是付一分钱都得她经手。"

"我在事务所，听注册会计师说，大部分私企当中，至少有一个财务人员是老板自己家的人，从资金安全的角度来说，只能这样啊。"丹丹停顿了一会儿，"看来你在企业实习学到不少东西啊，都懂会计行话了。"

"我还学了发票、报销单据哪。你在事务所都学到什么了？"

"之前一直做一些跑腿、打杂的活，上周协助注册会计师做一个项目，我现在理解财务报表了。"

"哇，厉害，那你知道'资产负债表'和'利润表'的勾稽关系怎么体现吗？"我想起了昨天崔总问我的问题。

"通过资产负债表上的'未分配利润'来体现。"丹丹自信地讲道。

"为什么？你给我讲讲。"

"这得从6大会计要素讲起，6大会计要素包括：资产、负债、所有者权益……"

"收入、费用、利润。"我说道。

"对，理解这些得从经济业务的角度，先说'资产'。假设盼盼你，嗯……你同事叫你'小白'哈，假设小白要开一个叫'好利来'的蛋糕店，发现开蛋糕店需要买烤箱、冰箱、面粉、鸡蛋、奶油等，需要花69 000元，这69 000元就是蛋糕店的资产。然后你数了数自己口袋里只有25 000元，自己兜里的钱远远不够开蛋糕店的。于是你向我讲明了蛋糕店的前景，最后我答应投资24 000元。这时，你算了一下钱还不够，于是你找到了银行，假设就咱们学校门口的农业银行吧,从里面借款 20 000 元,于是你的蛋糕店终于可以开业了。"丹丹边讲边用手在桌子上比划着。

我去拿了纸、笔把她讲的记下来。

"在这个过程中,你投资的 25 000 元加上我投资的 24 000 元叫作'所有者权益',因为我们两人是蛋糕店的股东,是蛋糕店的所有者,这部分权益就是我们作为股东所享有的权益;从银行借来的 20 000 元叫'负债',因为这些钱是向农行借来的,到期是要还的。负债、所有者权益属于现金流入,也构成了蛋糕店'钱的来源'。"丹丹喝口水,继续讲道:"你把 69 000 元筹集到手,买了烤箱、冰箱、面粉、奶油等,这些叫作'资产',资产属于现金流出,构成了蛋糕店'钱的去向',因为买这些的目的是做出蛋糕出售赚钱。"

我崇拜地看着她,原来"资产""负债""所有者权益"可以这样理解。突然有一种豁然开朗的感觉。丹丹在纸上画了一张图(见图 8-1)。

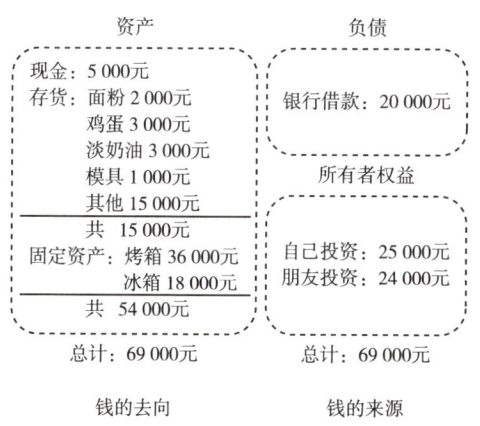

**图 8-1 蛋糕店的资金去向与来源**

"你看在这张图上,左边等于右边,也就是'资产'='负债'+'所有者权益'。因为"钱的来源"跟"钱的去向"肯定是相等的。就好比我们每一个人,我们兜里的每一分钱都是有来源的,不管是自己挣的、父母给的,还是路上捡的……同样我们兜里的每一分钱也是有用途的,给马云、给银行、压箱底……"

我细细地品味她说的每一句话,讲得太好了。

"蛋糕店开业第一月,你统计了当月销售情况,总共卖了 20 个蛋糕,一个蛋糕卖 300 元,那第一个月收了 6 000 元(20×300=6 000),这 6 000 块钱是卖蛋糕收到的钱,叫作'收入';制作蛋糕需要发工资,耗用鸡蛋、面粉等,这些构成了制作蛋糕的"成本"(直接构成蛋糕销售收入的耗用)2 550元;将'收入'与'成本'相减得到'毛利',为什么叫作'毛利'呢?因为只是减掉了制作蛋糕的直接成本,这并不是蛋糕店真正的利润。"说着,丹丹在纸上画了一张图(见图8-2)。

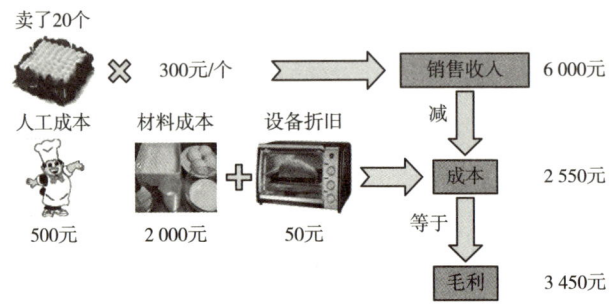

图8-2 蛋糕店毛利的计算

丹丹画完图8-2后,继续讲道:"假设开业第一个月,为了做宣传,花了1 000元;交水电费,花了300元;招待客户,花了500元……这些我们叫作'费用'(是蛋糕店为经营所花费的,但并不构成蛋糕本身的成本)。将'毛利'减去'费用'得到企业的'利润'1 450元,这1 450元就是蛋糕店第一个月赚的钱吗?不是,为什么?因为蛋糕店还要缴税,为什么要缴税啊?因为国家为蛋糕店的经营创造了很好的营商环境,交税就相当于蛋糕店交的'服务费'。至于税款交多少我也不知道,注会老师说以后再教我。"丹丹边讲边画图(见图8-3),然后她向我摆了一个无奈的手势。

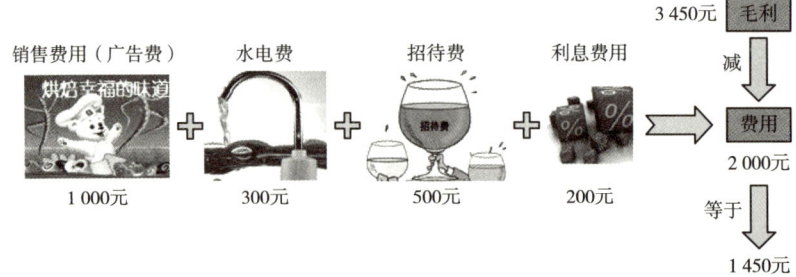

图8-3 蛋糕店利润的计算

## 第 8 章　资产负债表和利润表有什么关系

丹丹继续讲道："假设不缴税，对于蛋糕店来说，赚的 1 450 元归谁呢，你觉得？现在你是老板。"

"当然归咱们俩人所有了。"我自信地说道。

"是的，假设蛋糕店不分配利润，这 1 450 元就留在了蛋糕店，形成了当年的'未分配利润'，如果蛋糕店以前还有未分配利润，再加上今年的'未分配利润'就构成了月末'资产负债表'的'未分配利润'。这也就得出了资产负债表和利润表的勾稽关系：本期资产负债表'未分配利润'-上期'未分配利润'=本期利润表'净利润'。"

"太精彩了！原来这两个表之间有这么密切的联系。"我拍手说道。

"从经济业务的角度，还可以看出来，'利润表'更像'资产负债表'的一个子表：你拿钱买面粉、奶油，钱就从资产负债表的右边跑到左边，你把蛋糕卖出去，面粉、奶油就成了'成本'，到了利润表，同时蛋糕店又有了收入，收入一般大于成本，那蛋糕店就赚钱了，再把税费减掉就是企业的净利润，净利润增加了蛋糕店的所有者权益，这样蛋糕店就像个雪球一样越滚越大。你说对吧？"

"对。"

"没想到我能把这个给你讲明白，感觉给你讲解的过程中，我自己又重新梳理了一遍。大概这就是'教学相长'吧。"

"英国作家萧伯纳曾经说过：'如果你有一个苹果，我有一个苹果，彼此交换，我们每个人仍然只有一个苹果；如果你有一种思想，我有一种思想，彼此交换，我们每个人就有了两种思想，甚至多于两种思想。'我也给你讲讲我学到的'发票''报销单据'的知识。"我拿出笔记本，认真地讲着，丹丹边听边做着笔记，不时对我的讲解报以掌声，我也在讲解的过程当中，重新温习了一遍。

## 第 9 章 记账凭证，你真的会填吗

周一我照例提前半小时来到办公室，收拾完毕，总结一下最近的实习收获。我盘算着今天看李主管有空的时候，向她请教填写会计凭证的问题。以前听老师讲过，使用财务软件后，会计人员只要把凭证做完，当月工作就完成大半了，跟手工账相比，大大提高了效率哪。

我继续翻着上周看过的那本凭证，听说"书读百遍，其义自现"，我多看看，说不定就学会了哪。正在冥思苦想之际，李主管哼着歌、满面春风地进来了，感觉她每天心情都很好。

"小白，早，周末做什么了？"

"在学校待了两天，看看书、玩玩手机、跟同学聊聊天……您周末哪？"

"我去香山看红叶了，漫山遍野的红叶，可漂亮了。"李主管边说边给我看她手机里拍的照片。

香山的红叶真的好漂亮啊，看李主管每天的生活状态简直颠覆了我对大龄剩女的认识，之前看网络上对她们的评价，感觉她们冷漠、孤僻、虚荣、不近人情……可是李主管温柔、随和、谦虚、善解人意……

"你在翻看之前的凭证啊？本来我也是打算今天教你做凭证的，不错，你这积极性还挺高的。"

"我看你们每天专注于工作的样子，感觉很美。整个办公室里就数我最闲，我希望自己早点学会，以后跟你们并肩作战。"

"好样的，那你看这凭证有什么感觉吗？"

"这本凭证翻了 3 遍了，它已经认识我了，我还不认识它。好多都看不懂。这凭证跟会计分录不一样哪。"

"当然不一样了，记账凭证包括的要素更多，初学会计的时候学的是会计分录，但是在实际当中应用的是会计凭证。不过，会计分录是会计凭证的重

要组成部分，只要学会了会计分录，做会计凭证将非常容易。我考考你，提现、存现的会计分录怎么写。"

"提现业务，借：库存现金；贷：银行存款。存现业务，借：银行存款；贷：库存现金。"我自信地答道。

"对，会计分录是这么写，那有了会计分录后做凭证就很简单了。"李主管指着一张凭证（见图9-1）说道。

**记账凭证**

2019年6月1日　　　　　　　　　　　记字第1号

| 摘要 | 会计科目 | 借方 | 贷方 | |
|---|---|---|---|---|
| 提现 | 库存现金 | 20 000.00 | | |
| | 银行存款——工商银行 | | 20 000.00 | 附单据1张 |
| | | | | |
| | | | | |
| | | | | |
| 合计：人民币大写：贰万元整 | | 20 000.00 | 20 000.00 | |

会计主管：　　　　　记账：　　　　　审核：王芬　　　　　制单：张颖

**图9-1　记账凭证**

"填写记账凭证时，有几个要素需要填写。第一，凭证日期：一般就填写做凭证的日期，比如张颖是2019年6月1日填的这张凭证，那就填写2019年6月1日，不过也有单位做凭证时填写经济业务发生的日期或者月末最后一天。第二，凭证字号：一般中小微企业用的通用记账凭证，所以就展示'记'字；大企业经济业务比较复杂时，凭证类型会更多一些，如现收、现付、银收、银付等。对于咱们公司来说，没必要分这么多类型，用一个'记'字就可以了。'第×号'是每个月都从1号开始，逐步累加，注意凭证不能出现空号，凭证号必须是连续的，如第1号、第2号、第3号、第4号……中间一个也不能空。明白了吗？"

我点头答道："明白。"

"第三，凭证摘要：这项内容的填写反映会计人员对业务的理解能力。这部分是会计人员自己写的，根据实际发生的业务进行总结，填写在这里。填写需要简明扼要、完整、语句通顺，但是又能把业务反映出来。像咱们这张凭证，摘要是'提现'，因为这是发生的提现业务。"

"填写摘要有具体要求吗？发生的经济业务很多，怎么看一条摘要写的对不对呢?"我问道。

"简明扼要、完整、语句通顺,这需要会计不断理解业务并且字斟句酌。举个例子吧:销售给某公司 A 产品 200 件,单价 500 元,增值税额 13 000 元,货款共计 113 000 元,尚未收到。你来写一下摘要。"

"销售给某公司 A 产品 200 件,单价 500 元,货款 113 000 元未收到。"我思考后的答案。

"你的这个摘要太详细了,没必要把单价、数量都写在摘要里面。可以简化成:销售给某公司 A 产品一批,货款未收。再练习一个:某公司向本公司投入设备一台,价值 38 000 元。"

"设备一台。"我答道。

"你这样写也太简单了,你看我改成:某公司投入设备一台。我修改后就把设备的来源写明白了,而你原来的摘要没有展现这个信息。"

"这么复杂啊?"我感叹道。

"说复杂呢,其实也挺简单的;要说简单,可是要写好也不容易。就好像大家都会写字,但是又有多少人可以写一手好文章呢?这需要不断琢磨、改进。"

"'鹅,鹅,鹅,曲项向天歌。白毛浮绿水,红掌拨清波。'骆宾王 7 岁就能写出这么一首诗,我现在造个句写个凭证摘要都费劲……"

李主管被我这句话逗笑了,"摘要也没必要写得像诗句那样生动、美丽,但是要尽可能简明扼要地反映业务。每个人的悟性、知识积累都是不一样的,你尽自己最大努力去写好就是了。"

我深以为是,尽我最大努力去做好。

"第四,会计科目:这个需要填写我们会计分录中的会计科目。只要会计分录写出来了,那会计科目也就有了。第五,借方:填写会计分录中这个科目对应的借方金额。第六,贷方:填写会计分录中这个科目对应的贷方金额。这三项来自会计分录,是不是很简单?"

"是的,只要会写会计分录了,那这三项写起来很容易。"

"那会计科目是用一级科目还是用明细科目?"

"啊?"我又被李主管问懵了,我只记得会计科目分为总分类科目和明细分类科目,总分类科目又叫一级科目,明细分类科目又包括二级科目、三级科目……。天知道在凭证上要写什么科目?

"一级科目与明细科目有什么区别?"

## 第 9 章　记账凭证，你真的会填吗

"一级科目又叫总账科目，是会计准则中明确规定的；明细科目是在一级科目下面设置的，可以反映更为详细的信息。"我当时理解这个内容，使用的是"联想记忆法"。例如，有两个美女都叫"陈红"，但是她们两人并不是一个人，其中一个是"唱歌的陈红"，另外一个是"制片人陈红"。所以"陈红"就相当于一个一级科目，而"陈红——唱歌的陈红"和"陈红——制片人陈红"，这两个就是二级科目。如果"唱歌的陈红"有两个人，假设一个是男的，一个是女的，那就需要在"陈红——唱歌的陈红"下面再加以分类："陈红——唱歌的陈红——男""陈红——唱歌的陈红——女"，这两个科目就是三级科目。

"不错，不错，你这记科目的方法挺好。"李主管说道，"凭证中使用的会计科目就是当前账套下的末级科目，如果对这个科目，当前账套没有设置明细科目，那就用一级科目，比如"库存现金"，大部分企业对这个科目不会设置下级科目，那填制凭证时，直接填写'库存现金'就可以了；如果当前账套在这个一级科目下设置了明细科目，那就用明细科目，比如'应收账款'这个科目通常是要设置明细科目的，按照客户名称设置，那填制凭证时，就需要填写'应收账款——张三''应收账款——李四'，不能直接填写'应收账款'了。"

"原来凭证上面的会计科目还有这个要求。"我赶紧把这个记下来。

"第七，附单据：这项就要看一下后附的原始凭证是多少张，是多少张这里就填多少。第八，合计：大写就填写金额的人民币大写，把各行的借方、贷方相加填写到下面就是小写的合计。我们这张凭证借方合计是 20 000 元，贷方合计也是 20 000 元，这么神奇啊？"李主管满脸期待地看着我。

"是啊，可能是巧合吧。"

李主管哈哈大笑起来："根本就不存在什么巧合，一张凭证上的'借方合计'一定等于'贷方合计'，如果不等只能说明会计做错了。复式记账法的记账规则是什么？"

"有借必有贷，借贷必相等。"

"对，会计分录中借贷必相等，所以记账凭证中'借方合计'必定等于'贷方合计'。哪有这么多巧合啊？就像现在很多人，把别人的成功都归因于幸运，不知道别人在背后付出了多少汗水、心血、等待……"

"等待也属于付出？"

"当然，'君子藏器于身，待时而动'。姜子牙 70 多岁才等到周文王，黄

忠 60 岁才等到刘备……"

"那你一直不肯嫁人，又是在等待谁啊？"我伸伸舌头说道。

"等一个跟我'借贷必相等'的人，在两个人的关系中，一个人相当于会计分录的借方，另一个人相当于会计分录的贷方，借方与贷方相等了，才能相处舒服、长久。婚姻讲究的'门当户对'跟咱们会计上的'借贷相等'是一样的原理。"李主管说这话时很像我们的哲学老师。

其他同事取笑道："会计中毒太深，都用'借贷必相等'来找对象了。"

李主管继续讲道："第九，签名。凭证下面有一排签名，'制单'指的是填制凭证的人，谁填制的凭证谁在上面签字；'审核'指的是凭证的审核人，谁审核凭证就签谁的名字；'记账'指的是记账人，在手工账下，谁登记的账簿就签谁的名字；使用财务软件时，都已经自动记账了，这项设置已经不是原来的意义了；'会计主管'就是公司的会计主管人员，这个在财务软件中是可以设置的，咱们公司财务软件中设置的是我。另外，这里也可以不用签名，刻制一个长条的人名章，在凭证上盖章也可以。"

李主管还特意在网上找了一个图片（见图 9-2），让我理解。另外，李主管还告诉我，在实务工作中，手工填制的记账凭证需要在空行划线注销，财务软件中打印出来的记账凭证空行不用划线注销。

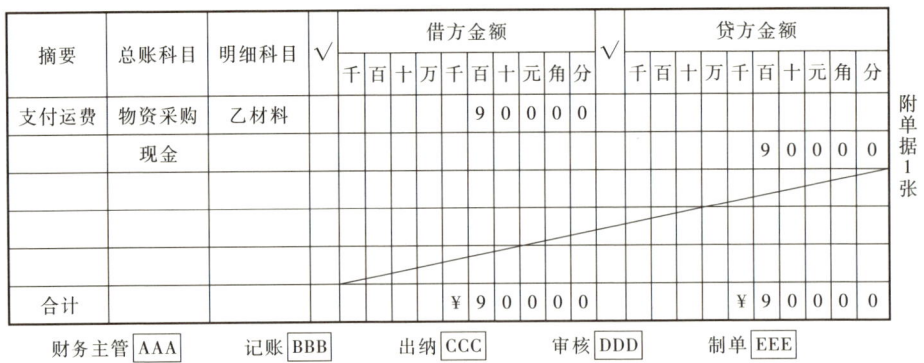

图 9-2 记账凭证

李主管给我交代完工作就去忙自己的了。我品味着李主管的话，觉得还挺有道理的。

# 第 10 章 会计账簿那些事儿

中午吃完饭，我开始逛淘宝，打算买几个收纳箱，宿舍空间太小了，看其他小伙伴买了收纳箱，实用又方便。我把几款心仪的收纳箱加到购物车，准备晚上再细细比较一下到底买哪款。然后复习一下李主管教给我的填制记账凭证的知识。突然，我想到一个问题，会计科目都登记到了不同的凭证中，那企业在一个月中发生了很多的业务，填制了很多张凭证，一个会计科目可能出现在很多凭证中，会计人员怎么知道每个科目到底发生了多少呢？我们的物品可以通过收纳箱实现归类，那散落在记账凭证中的会计科目怎么办呢？

我把我的新问题告诉了李主管，李主管表扬我善于动脑子，"会计做账主要有两步：第一步是填制记账凭证；第二步就是登账。现在绝大多数企业都使用财务软件了，就不需要登账了，但是对于初学者来说，还是得学会登账，不然就不明白整个会计工作的流程，在实际应用中会觉得很懵。"

"登账要怎么做呢？"

"根据凭证登记账簿，企业发生的经济业务都记录在凭证上，填制凭证后，同时里面的经济业务登记到账簿中。"李主管还举了一个例子说道。登账过程可以形象地用图 10-1 表示。

"我可以把账簿理解成收纳箱吗？"我答道。

"对，其实可以把账簿理解成收纳箱，只不过收纳箱中收纳的是物品，而账簿中收纳的是经济业务。我们根据需要买多个收纳箱，不同的物品存放在不同的收纳箱中。会计账簿也分为多种，常用的有：现金日记账、银行日记账、明细账、总账。现金日记账收纳的就是库存现金业务，银行日记账收纳的是银行存款业务，那么明细账呢？其实每个科目都有明细账，现金日记账、

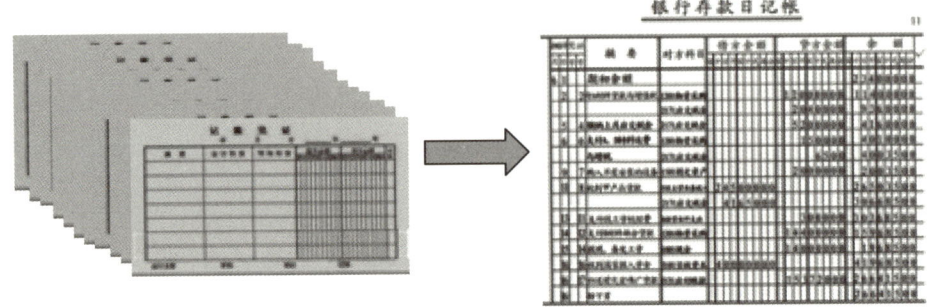

图 10-1 登账过程示意图

银行日记账本质上也是明细账,只是由出纳登记,总账登记的是一级科目的增减变动。"

李主管从网上找了这几种账簿的图片(如图 10-2 所示)给我看,"明细账一般用活页式的,方便根据记账内容的变化而随时增加或减少部分账页,另外当企业会计人员较多时,使用活页账可以提高效率。总账一般用订本账簿,不能随意抽换账页,避免账页散失。"

图 10-2 账簿

"那我学习登账,还需要买账本吗?"

"不用,我给你发个表,表格的设置跟账页格式是相同的,你可以打印出来直接使用或者在 EXCEL 中打字登账,哪种方法都行。"

发个表?是什么表呢?我想起前段时间在抖音上看到的一个搞笑小视频,一家房地产公司在中秋节,给员工发了一个表,开始大家还以为是什么名表,结果只是一个中秋值班表。我很快就收到了李主管发来的 EXCEL 表,打开后有很多 sheet 页，我想这大概就是账页的格式吧。

只见李主管又拿了几张单据过来，"你先把记账凭证填制完毕，然后根据凭证再登账。"李主管安排着："登账时先把'期初余额'登记上。"期初余额如表 10-1 所示。

表 10-1　　　　　　　　　　　期初余额

| 会计科目 | 期初余额 | |
| --- | --- | --- |
|  | 借方 | 贷方 |
| 库存现金 |  |  |
| 银行存款 | 200 000.00 |  |
| 应收账款 | 100 000.00 |  |
| 预付账款 |  |  |
| 其他应收款 | 3 000.00 |  |
| 固定资产 |  |  |
| 实收资本 |  | 303 000.00 |
| 合计 | 303 000.00 | 303 000.00 |

我接过李主管的单据，梳理了一遍，总结出来有 4 笔业务：

（1）11 月 1 日，提现 20 000 元；

（2）11 月 2 日，行政文员张颖购买打印机一台，2 970 元，原预支 3 000 元，剩余 30 元现金退回；

（3）11 月 3 日，银行转账支付三个月房租 60 000 元，房东为北京西山物业有限公司；

（4）11 月 3 日，银行收到张家口前进商贸有限公司货款 100 000 元。

我先把会计分录写出来，然后再填制记账凭证。

（1）第一笔业务中，提现会导致库存现金增加，银行存款（工商银行）减少，因此，会计分录为：

借：库存现金　　　　　　　　　　　　　　　20 000

　　贷：银行存款——工商银行　　　　　　　　20 000

我迅速把记账凭证填完，如图 10-3 所示。

**记账凭证**

2019 年 11 月 1 日　　　　　　　　　　　　　　　记字第 1 号

| 摘要 | 会计科目 | 借方 | 贷方 | |
|---|---|---|---|---|
| 提现 | 库存现金 | 20 000.00 | | 附单据1张 |
| | 银行存款——工商银行 | | 20 000.00 | |
| | | | | |
| | | | | |
| | | | | |
| 合计：人民币大写：贰万元整 | | 20 000.00 | 20 000.00 | |

会计主管：　　　　记账：　　　　审核：　　　　制单：白盼盼

图 10 - 3　记账凭证

（2）第二笔业务，行政部文员购买打印机一台，2 970 元。根据公司财务制度，对于 2 000 元以上的而且使用时间超过 3 年的资产作为固定资产核算，所以购置打印机导致固定资产增加 2 970 元；退回现金 30 元，所以库存现金增加 30 元；冲减张颖借款 3 000 元。会计分录为：

借：固定资产　　　　　　　　　　　　　　2 970
　　库存现金　　　　　　　　　　　　　　　 30
　贷：其他应收款——张颖　　　　　　　　 3 000

根据会计分录，填制的记账凭证如图 10 - 4 所示。

**记账凭证**

2019 年 11 月 2 日　　　　　　　　　　　　　　　记字第 2 号

| 摘要 | 会计科目 | 借方 | 贷方 | |
|---|---|---|---|---|
| 行政部购买打印机 | 固定资产 | 2 970.00 | | 附单据3张 |
| | 库存现金 | 30.00 | | |
| | 其他应收款——张颖 | | 3 000.00 | |
| | | | | |
| | | | | |
| 合计：人民币大写：叁仟元整 | | 3 000.00 | 3 000.00 | |

会计主管：　　　　记账：　　　　审核：　　　　制单：白盼盼

图 10 - 4　记账凭证

（3）第三笔业务，银行转账支付三个月房租 60 000 元，预付账款增加 60 000 元，应收账款、应付账款、预收账款、预付账款是常见的往来科目（"来而不往非礼也"，核算与客户、供应商等外部单位、个人的债权、债务的科目），需要分明细核算。同时，银行存款减少 60 000 元，因此，会计分录为：

  借：预付账款——北京西山物业有限公司    60 000
    贷：银行存款——工商银行         60 000

根据会计分录，填制的记账凭证如图 10-5 所示。

**记账凭证**

2019 年 11 月 3 日    记字第 3 号

| 摘要 | 会计科目 | 借方 | 贷方 | |
|---|---|---|---|---|
| 银行转账支付3个月房租 | 预付账款——北京西山物业有限公司 | 60 000.00 | | 附单据2张 |
| | 银行存款——工商银行 | | 60 000.00 | |
| | | | | |
| | | | | |
| | | | | |
| | | | | |
| 合计：人民币大写：陆万元整 | | 60 000.00 | 60 000.00 | |

会计主管：    记账：    审核：    制单：白盼盼

**图 10-5　记账凭证**

（4）第四笔业务，银行收到张家口前进商贸有限公司货款 100 000 元，银行存款增加 100 000 元，同时客户的欠款减少 100 000 元，因此，会计分录为：

  借：银行存款——工商银行        100 000
    贷：应收账款——张家口前进商贸有限公司  100 000

根据会计分录，填制的记账凭证如图 10-6 所示。

我把凭证填制完毕后，请李主管审核了一遍，得到她的允许后，我就开始登记账簿了。我把李主管给我的表格打印出来，在账页上登记。

首先登记现金日记账，库存现金期初余额为 0，本期发生了两笔业务，11 月 1 日提现 20 000 元，11 月 2 日收回现金 30 元，按照李主管的要求，现金日记账应该每天都要结出本日借贷方发生额以及余额，如图 10-7 所示。

## 记账凭证

2019 年 11 月 3 日　　　　　　　　　　记字第 4 号

| 摘要 | 会计科目 | 借方 | 贷方 | |
|---|---|---|---|---|
| 收张家口前进商贸有限公司货款 | 银行存款——工商银行 | 100 000.00 | | 附单据1张 |
| | 应收账款——张家口前进商贸有限公司 | | 100 000.00 | |
| | | | | |
| | | | | |
| | | | | |
| 合计：人民币大写：壹拾万元整 | | 100 000.00 | 100 000.00 | |

会计主管：　　　　记账：　　　　审核：　　　　制单：白盼盼

图 10 - 6　记账凭证

## 现金日记账

第 1 页

| 2019年 | | 记账凭证 | | 摘要 | 对方科目 | 借方金额 | | | | | | | | 贷方金额 | | | | | | | | 借或贷 | 余额 | | | | | | | | |
|---|---|---|---|---|---|---|---|---|---|---|---|---|---|---|---|---|---|---|---|---|---|---|---|---|---|---|---|---|---|---|---|
| 月 | 日 | 字 | 号 | | | 百 | 十 | 万 | 千 | 百 | 十 | 元 | 角 | 分 | 百 | 十 | 万 | 千 | 百 | 十 | 元 | 角 | 分 | | 百 | 十 | 万 | 千 | 百 | 十 | 元 | 角 | 分 |
| | | | | 期初余额 | | | | | | | | | | | | | | | | | | | | 平 | | | | | | | | | |
| 11 | 1 | 记 | 1 | 提现 | 银行存款 | | | 2 | 0 | 0 | 0 | 0 | 0 | 0 | | | | | | | | | | 借 | | | 2 | 0 | 0 | 0 | 0 | 0 | 0 |
| 11 | 1 | | | 本日合计 | | | | 2 | 0 | 0 | 0 | 0 | 0 | 0 | | | | | | | | | | 借 | | | 2 | 0 | 0 | 0 | 0 | 0 | 0 |
| 11 | 2 | 记 | 2 | 行政部购买打印机退回现金 | 其他应收款 | | | | | | 3 | 0 | 0 | 0 | | | | | | | | | | 借 | | | 2 | 0 | 0 | 3 | 0 | 0 | 0 |
| 11 | 2 | | | 本日合计 | | | | | | | 3 | 0 | 0 | 0 | | | | | | | | | | 借 | | | 2 | 0 | 0 | 3 | 0 | 0 | 0 |

图 10 - 7　现金日记账

我突然发现登记账簿并不复杂，其实就是按照账页的格式把凭证上面的内容再抄写一遍而已，只要认真、仔细就好，但是这步工作必不可少。

接下来登记银行存款日记账，"银行存款"发生了 3 笔业务，一笔业务为从银行提现 20 000 元，另一笔业务为用银行存款预付房租 60 000 元，最后一笔业务为收回客户货款 100 000 元，银行存款有期初余额 200 000 元。登记好的银行存款日记账如图 10 - 8 所示。

银行存款日记账

第 1 页

| 2019年 | | 记账凭证 | | 摘要 | 对方科目 | 借方金额 百十万千百十元角分 | 贷方金额 百十万千百十元角分 | 借或贷 | 余额 百十万千百十元角分 |
|---|---|---|---|---|---|---|---|---|---|
| 月 | 日 | 字 | 号 | | | | | | |
| | | | | 期初余额 | | | | 借 | 2 0 0 0 0 0 0 0 |
| 11 | 1 | 记 | 1 | 提现 | 库存现金 | | 2 0 0 0 0 0 0 | 借 | 1 8 0 0 0 0 0 0 |
| 11 | 3 | 记 | 3 | 银行转账支付3个月房租 | 预付账款 | | 6 0 0 0 0 0 0 | 借 | 1 2 0 0 0 0 0 0 |
| 11 | 3 | 记 | 4 | 收张家口前进商贸有限公司货款 | 应收账款 | 1 0 0 0 0 0 0 0 | | 借 | 2 2 0 0 0 0 0 0 |
| | | | | | | | | | |
| | | | | | | | | | |
| | | | | | | | | | |

**图 10-8 银行日记账**

固定资产明细账，可以使用普通的三栏式账本，也可以使用特定的格式，根据记账凭证以及固定资产的信息登记，如资产名称、规格型号等。听李主管说，根据公司的财务制度，办公设备类固定资产预计残值率为 10%，折旧年限为 5 年。残值率的含义就是打印机使用 5 年后，假设要把它卖掉，估计能卖多少钱。以这台打印机为例，5 年后处置打印机可以卖 297 元（2 970 × 10%）。折旧年限的含义就是打印机可以用 5 年，所以它的价值是在这 5 年当中慢慢损耗的，那每年损耗多少呢？2 970 ×（1 - 10%）÷ 5 = 534.6（元）。固定资产是每个月都要计提折旧的，那么每月损耗多少呢？534.6 ÷ 12 = 44.55（元）。当月增加的固定资产，当月不计提折旧，下月开始计提折旧；当月减少的固定资产，当月照提折旧，因此，11 月不需要对打印机计提折旧。我们这里在计算折旧时，使用的是直线法，当然在实际工作中，折旧计算还有其他的方法。

本月固定资产只发生了一笔业务，即行政部购买打印机 2 970 元，我这里使用的是普通的三栏式账本登记的，如图 10-9 所示。

其他应收款属于往来科目，应该按照户名设置明细。其明细账也是使用三栏式账本，只发生了一笔业务，即冲减张颖借款 3 000 元。登记的明细账如图 10-10 所示。

预付账款明细账，发生了一笔业务，即预付三个月房租 60 000 元。登记的明细账如图 10-11 所示。

**固定资产明细分类账**

| 2019年 | | 记账凭证 | | 摘要 | 对方科目 | 借方金额 | | | | | | | | 贷方金额 | | | | | | | | 借或贷 | 余额 | | | | | | | |
|---|---|---|---|---|---|---|---|---|---|---|---|---|---|---|---|---|---|---|---|---|---|---|---|---|---|---|---|---|---|---|
| 月 | 日 | 字 | 号 | | | 百 | 十 | 万 | 千 | 百 | 十 | 元 | 角 | 分 | 百 | 十 | 万 | 千 | 百 | 十 | 元 | 角 | 分 | | 百 | 十 | 万 | 千 | 百 | 十 | 元 | 角 | 分 |
| | | | | 期初余额 | | | | | | | | | | | | | | | | | | | | 平 | | | | | | | | | |
| 11 | 2 | 记 | 2 | 行政部购买打印机 | 其他应收款 | | | 2 | 9 | 7 | 0 | 0 | 0 | 0 | | | | | | | | | | 借 | | | 2 | 9 | 7 | 0 | 0 | 0 | 0 |

图 10-9 固定资产明细分类账

明细科目：张颖
**其他应收款明细分类账**

| 2019年 | | 记账凭证 | | 摘要 | 对方科目 | 借方金额 | | | | | | | | | 贷方金额 | | | | | | | | | 借或贷 | 余额 | | | | | | | | |
|---|---|---|---|---|---|---|---|---|---|---|---|---|---|---|---|---|---|---|---|---|---|---|---|---|---|---|---|---|---|---|---|---|
| 月 | 日 | 字 | 号 | | | 百 | 十 | 万 | 千 | 百 | 十 | 元 | 角 | 分 | 百 | 十 | 万 | 千 | 百 | 十 | 元 | 角 | 分 | | 百 | 十 | 万 | 千 | 百 | 十 | 元 | 角 | 分 |
| | | | | 期初余额 | | | | | | | | | | | | | | | | | | | | 借 | | | | 3 | 0 | 0 | 0 | 0 | 0 |
| 11 | 2 | 记 | 2 | 行政部购买打印机 | 销售费用 | | | | | | | | | | | | | 3 | 0 | 0 | 0 | 0 | 0 | 平 | | | | | | | | | |

图 10-10 其他应收款明细分类账

明细科目：北京西山物业有限公司
**预付账款明细分类账**

| 2019年 | | 记账凭证 | | 摘要 | 对方科目 | 借方金额 | | | | | | | | | 贷方金额 | | | | | | | | | 借或贷 | 余额 | | | | | | | | |
|---|---|---|---|---|---|---|---|---|---|---|---|---|---|---|---|---|---|---|---|---|---|---|---|---|---|---|---|---|---|---|---|---|
| 月 | 日 | 字 | 号 | | | 百 | 十 | 万 | 千 | 百 | 十 | 元 | 角 | 分 | 百 | 十 | 万 | 千 | 百 | 十 | 元 | 角 | 分 | | 百 | 十 | 万 | 千 | 百 | 十 | 元 | 角 | 分 |
| | | | | 期初余额 | | | | | | | | | | | | | | | | | | | | 平 | | | | | | | | | |
| 11 | 3 | 记 | 3 | 银行转账支付3个月房租 | 银行存款 | | | 6 | 0 | 0 | 0 | 0 | 0 | 0 | | | | | | | | | | 借 | | | 6 | 0 | 0 | 0 | 0 | 0 | 0 |

图 10-11 预付账款明细分类账

应收账款明细账，发生一笔业务，即收张家口前进商贸有限公司货款 100 000 元，登记的明细账如图 10-12 所示。

明细科目：张家口前进商贸有限公司　　**应收账款明细分类账**

| 2019年 | | 记账凭证 | | 摘要 | 对方科目 | 借方金额 百十万千百十元角分 | 贷方金额 百十万千百十元角分 | 借或贷 | 余额 百十万千百十元角分 |
|---|---|---|---|---|---|---|---|---|---|
| 月 | 日 | 字 | 号 | | | | | | |
| | | | | 期初余额 | | | | 借 | 1 0 0 0 0 0 0 0 |
| 11 | 3 | 记 | 4 | 收张家口前进商贸有限公司货款 | 银行存款 | | 1 0 0 0 0 0 0 0 | 平 | |
| | | | | | | | | | |
| | | | | | | | | | |
| | | | | | | | | | |
| | | | | | | | | | |
| | | | | | | | | | |

**图 10-12　应收账款明细分类账**

经过这几笔业务的练习，我已经学会了登记明细账，接下来学习登记总账。总账与明细账的关系和总账科目与明细科目的关系是相同的，总账的数据是明细账数据的汇总。假设一个公司本月只发生了这 4 笔业务，那就可以登记总账了，登记完总账就可以出具报表。

登记总账有三种方法，其中最常用的方法就是利用"丁字账"。首先，按照丁字型账户的格式把每个科目的发生额汇总，汇总的工作相当于一个计算过程，但是没必要登记到账簿，通常在草稿纸或 EXCEL 表中进行。我们有 4 张凭证，按照一级科目名称分别列出丁字账，并汇总借方发生额、贷方发生额。涉及的会计科目有库存现金、银行存款、销售费用、其他应收款、预付账款、应收账款，如图 10-13 所示。

```
         库存现金                              银行存款
(1)    20 000                         (1)   20 000
(2)    30                             (3)   60 000
                          (4) 100 000

       20 030                               100 000    80 000
```

```
        固定资产                           其他应收款
(2)    2 970                        (2)    3 000


       2 970                                3 000


        预付账款                            应收账款
(3)   60 000                        (4)  100 000


      60 000                              100 000
```

图 10 – 13　丁字账示意图

根据丁字账可以编制出科目发生额汇总表，如表 10 – 2 所示。科目发生额汇总表的借方发生额合计一定等于贷方发生额合计，不相等说明做错了！理由是"有借必有贷，借贷必相等，但是借方合计等于贷方合计并不一定表明计算是正确的，如果漏了、重复记录一笔或多笔业务，借方合计仍等于贷方合计，但是计算有误。

表 10 – 2　　　　　　　　　　科目发生额汇总表

| 会计科目 | 凭证号 | 借方发生额合计 | 贷方发生额合计 |
| --- | --- | --- | --- |
| 库存现金 | 1#、2# | 20 030.00 | |
| 银行存款 | 1#、3#、4# | 100 000.00 | 80 000.00 |
| 应收账款 | 4# | | 100 000.00 |
| 预付账款 | 3# | 60 000.00 | |
| 其他应收款 | 2# | | 3 000.00 |
| 固定资产 | 2# | 2 970.00 | |
| 合计 | | 183 000.00 | 183 000.00 |

接下来，我根据科目发生额汇总表来登记总账，按照科目发生额汇总表的顺序逐个登记，把每个科目的借方发生额合计登记在借方，把贷方发生额合计登记在贷方（本期没有发生额的科目，不必登记总账）。图 10 – 14 是登记的总账。

**总账（库存现金、银行存款、应收账款、预付账款、其他应收款、固定资产）**

科目编码及名称：库存现金

| 2019年 | | 记账凭证 | 摘要 | 借方金额 | | | | | | | | 贷方金额 | | | | | | | | 借或贷 | 余额 | | | | | | | |
|---|---|---|---|---|---|---|---|---|---|---|---|---|---|---|---|---|---|---|---|---|---|---|---|---|---|---|---|---|
| 月 | 日 | 字号 | | 百 | 十 | 万 | 千 | 百 | 十 | 元 | 角 | 分 | 百 | 十 | 万 | 千 | 百 | 十 | 元 | 角 | 分 | | 百 | 十 | 万 | 千 | 百 | 十 | 元 | 角 | 分 |
| | | | 期初余额 | | | | | | | | | | | | | | | | | | | 平 | | | | | | | | | |
| 11 | 30 | | 1#、2#凭证汇总 | | | 2 | 0 | 0 | 3 | 0 | 0 | 0 | | | | | | | | | | 借 | | | 2 | 0 | 0 | 3 | 0 | 0 | 0 |
| 11 | 30 | | 本月合计 | | | 2 | 0 | 0 | 3 | 0 | 0 | 0 | | | | | | | | | | 借 | | | 2 | 0 | 0 | 3 | 0 | 0 | 0 |

科目编码及名称：银行存款

| 2019年 | | 记账凭证 | 摘要 | 借方金额 | | | | | | | | 贷方金额 | | | | | | | | 借或贷 | 余额 | | | | | | | |
|---|---|---|---|---|---|---|---|---|---|---|---|---|---|---|---|---|---|---|---|---|---|---|---|---|---|---|---|---|
| 月 | 日 | 字号 | | 百 | 十 | 万 | 千 | 百 | 十 | 元 | 角 | 分 | 百 | 十 | 万 | 千 | 百 | 十 | 元 | 角 | 分 | | 百 | 十 | 万 | 千 | 百 | 十 | 元 | 角 | 分 |
| | | | 期初余额 | | | | | | | | | | | | | | | | | | | 借 | | 2 | 0 | 0 | 0 | 0 | 0 | 0 | 0 |
| 11 | 30 | | 1#、3#、4#凭证汇总 | | 1 | 0 | 0 | 0 | 0 | 0 | 0 | 0 | | | 8 | 0 | 0 | 0 | 0 | 0 | 0 | 借 | | 2 | 2 | 0 | 0 | 0 | 0 | 0 | 0 |
| 11 | 30 | | 本月合计 | | 1 | 0 | 0 | 0 | 0 | 0 | 0 | 0 | | | 8 | 0 | 0 | 0 | 0 | 0 | 0 | 借 | | 2 | 2 | 0 | 0 | 0 | 0 | 0 | 0 |

科目编码及名称：应收账款

| 2019年 | | 记账凭证 | 摘要 | 借方金额 | | | | | | | | 贷方金额 | | | | | | | | 借或贷 | 余额 | | | | | | | |
|---|---|---|---|---|---|---|---|---|---|---|---|---|---|---|---|---|---|---|---|---|---|---|---|---|---|---|---|---|
| 月 | 日 | 字号 | | 百 | 十 | 万 | 千 | 百 | 十 | 元 | 角 | 分 | 百 | 十 | 万 | 千 | 百 | 十 | 元 | 角 | 分 | | 百 | 十 | 万 | 千 | 百 | 十 | 元 | 角 | 分 |
| | | | 期初余额 | | | | | | | | | | | | | | | | | | | 借 | | | 1 | 0 | 0 | 0 | 0 | 0 | 0 |
| 11 | 30 | | 4#凭证汇总 | | | | | | | | | | | 1 | 0 | 0 | 0 | 0 | 0 | 0 | 0 | 平 | | | | | | | | | |
| 11 | 30 | | 本月合计 | | | | | | | | | | | 1 | 0 | 0 | 0 | 0 | 0 | 0 | 0 | 平 | | | | | | | | | |

科目编码及名称：预付账款

| 2019年 | | 记账凭证 | 摘要 | 借方金额 | | | | | | | | 贷方金额 | | | | | | | | 借或贷 | 余额 | | | | | | | |
|---|---|---|---|---|---|---|---|---|---|---|---|---|---|---|---|---|---|---|---|---|---|---|---|---|---|---|---|---|
| 月 | 日 | 字号 | | 百 | 十 | 万 | 千 | 百 | 十 | 元 | 角 | 分 | 百 | 十 | 万 | 千 | 百 | 十 | 元 | 角 | 分 | | 百 | 十 | 万 | 千 | 百 | 十 | 元 | 角 | 分 |
| | | | 期初余额 | | | | | | | | | | | | | | | | | | | 平 | | | | | | | | | |
| 11 | 30 | | 3#凭证汇总 | | | | 6 | 0 | 0 | 0 | 0 | 0 | | | | | | | | | | 借 | | | | 6 | 0 | 0 | 0 | 0 | 0 |
| 11 | 30 | | 本月合计 | | | | 6 | 0 | 0 | 0 | 0 | 0 | | | | | | | | | | 借 | | | | 6 | 0 | 0 | 0 | 0 | 0 |

科目编码及名称：其他应收款

| 2019年 | | 记账凭证 | 摘要 | 借方金额 | | | | | | | | 贷方金额 | | | | | | | | 借或贷 | 余额 | | | | | | | |
|---|---|---|---|---|---|---|---|---|---|---|---|---|---|---|---|---|---|---|---|---|---|---|---|---|---|---|---|---|
| 月 | 日 | 字号 | | 百 | 十 | 万 | 千 | 百 | 十 | 元 | 角 | 分 | 百 | 十 | 万 | 千 | 百 | 十 | 元 | 角 | 分 | | 百 | 十 | 万 | 千 | 百 | 十 | 元 | 角 | 分 |
| | | | 期初余额 | | | | | | | | | | | | | | | | | | | 借 | | | | 3 | 0 | 0 | 0 | 0 | 0 |
| 11 | 30 | | 2#凭证汇总 | | | | | | | | | | | | | | 3 | 0 | 0 | 0 | 0 | 0 | 平 | | | | | | | | | |
| 11 | 30 | | 本月合计 | | | | | | | | | | | | | | 3 | 0 | 0 | 0 | 0 | 0 | 平 | | | | | | | | | |

科目编码及名称：固定资产

| 2019年 | | 记账凭证 | 摘要 | 借方金额 | | | | | | | | 贷方金额 | | | | | | | | 借或贷 | 余额 | | | | | | | |
|---|---|---|---|---|---|---|---|---|---|---|---|---|---|---|---|---|---|---|---|---|---|---|---|---|---|---|---|---|
| 月 | 日 | 字号 | | 百 | 十 | 万 | 千 | 百 | 十 | 元 | 角 | 分 | 百 | 十 | 万 | 千 | 百 | 十 | 元 | 角 | 分 | | 百 | 十 | 万 | 千 | 百 | 十 | 元 | 角 | 分 |
| | | | 期初余额 | | | | | | | | | | | | | | | | | | | 平 | | | | | | | | | |
| 11 | 30 | | 2#凭证汇总 | | | 2 | 9 | 7 | 0 | 0 | 0 | | | | | | | | | | | 借 | | | 2 | 9 | 7 | 0 | 0 | 0 | |
| 11 | 30 | | 本月合计 | | | 2 | 9 | 7 | 0 | 0 | 0 | | | | | | | | | | | 借 | | | 2 | 9 | 7 | 0 | 0 | 0 | |

图 10-14 总账

总账填好后，可以把每个科目的余额计算出来，然后结合期初余额编制科目余额表并试算平衡，如表10-3所示。

表10-3　　　　　　　　　　　　科目余额表

| 会计科目 | 期初余额 | | 本期发生额 | | 期末余额 | |
| --- | --- | --- | --- | --- | --- | --- |
| | 借方 | 贷方 | 借方 | 贷方 | 借方 | 贷方 |
| 库存现金 | | | 20 030.00 | | 20 030.00 | |
| 银行存款 | 200 000.00 | | 100 000.00 | 80 000.00 | 220 000.00 | |
| 应收账款 | 100 000.00 | | | 100 000.00 | | |
| 预付账款 | | | 60 000.00 | | 60 000.00 | |
| 其他应收款 | 3 000.00 | | | 3 000.00 | | |
| 固定资产 | | | 2 970.00 | | 2 970.00 | |
| 实收资本 | | 303 000.00 | | | | 303 000.00 |
| 合计 | 303 000.00 | 303 000.00 | 183 000.00 | 183 000.00 | 303 000.00 | 303 000.00 |

在科目余额表上，期初余额、本期发生额、期末余额中的借方合计一定等于其贷方合计，依据是"有借必有贷，借贷必相等"。否则，就说明计算错误，需要去查找原因。根据科目余额表就可以编制报表了，资产负债表、利润表可以根据科目余额表填列，如"库存现金""银行存款"期末余额相加得出"资产负债表"中的"货币资金"；"应收账款"填到"资产负债表"中"应收账款"项目中……

虽然只有4笔业务，但是我熟悉了一遍记账的流程，感觉收获满满，原来记账并不是难得高不可攀。我在笔记本上记录下我对记账的理解。

会计的基本职能是会计核算和会计监督，记账就是实现会计核算的功能。操作步骤如下：

(1) 收集、审核原始单据。通过查看原始单据了解发生的经济业务，因为账务处理的对象就是企业发生的经济业务。如果查看原始单据不能判断出经济业务，则需要跟业务人员沟通，因为他们是经办人，沟通时切记不要用会计专业语言，他们可不懂会计啊。

(2) 填制记账凭证。会计人员判断出企业发生的经济业务后，接下来就要去思考业务的发生对企业的影响，需要落实到会计科目上，比如：实收资本增加了，银行存款增加了等；然后，就可以根据借贷记账法的规则填制记账凭证。

（3）登账。首先根据记账凭证登记日记账、明细账，明细账有多种格式，最常见的是三栏式明细账，另外，还有数量金额式明细账、多栏式明细账。当企业经济业务较少时，可以只使用普通的三栏式明细账。然后登记总账，登记总账前先画出丁字账，根据丁字账先制作科目发生额汇总表，根据科目发生额汇总表登记总账。登账过程中，当期没有发生业务的科目，不必登记账簿。

（4）编制报表。根据登记完的总账，首先编制科目余额表，根据科目余额表来编制财务报表。做完财务报表后，记账工作就算大功告成了。

为方便理解，特意整理了一个流程图，如图10-15所示。

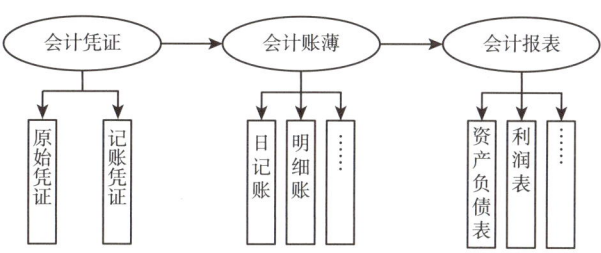

图10-15 登账流程示意图

# 第 11 章　会计科目记不住？试试联想记忆法

掌握了会计记账流程后，我感觉每天李主管给我安排的工作有了意义。它们不再是一堆冷冰冰的单据、凭证，每一张单据所反映的经济业务通过账务处理，最终反映到企业的报表中，而报表就是会计人员每个月的工作成果之一。

我一有空就翻看以前月份的凭证，一方面可以学习会计知识，另一方面也可以尽快熟悉公司业务，不然跟别人沟通时，人家一听我就是新来的，什么都不懂。我发现仍有很多看不懂的凭证，即便我请教了李主管，理解了业务，但是在确定会计科目时，总是出问题，李主管说我的会计基本功掌握得不扎实，会计科目记得不好。

"这么多会计科目，怎么才能记得住？"

"首先，你不需要记住所有的会计科目，但是常用的会计科目必须记牢；其次，记忆会计科目跟你学英语记单词是类似的呀，你英语是怎么考过六级的？"李主管一直思路很清晰，简简单单两句话就让我无话可说。

我回顾之前记忆英语单词的方法，其实记单词是有很多方法的。"我刚学英语时，每当用到'dog'这个单词时，我脑海里就浮现出小狗那可爱的小模样。那可以通过这种方法记住会计科目吗？"

李主管听后笑笑，"世界上很多记忆大师都推荐使用'联想记忆法'，美国著名的记忆术专家哈利·洛雷因说：'记忆的基本法则是把新的信息联想于已知事物。'记忆会计科目也完全可以使用这种方法，既有助理解又能加深记忆。"

然后她给我发过来一个文件，说是她原来理解会计科目总结出来的。我打开这个文件，简直就像武侠小说里主人公看到梦寐以求的武林秘籍时的感受，原来会计科目还可以这么记。

第 11 章　会计科目记不住？试试联想记忆法

表 11-1

| 科目名称 | 解　释 |
| --- | --- |
| 库存现金 | 放在公司保险柜里的钱 |
| 银行存款 | 公司存在银行里的钱 |
| 原材料 | 用于加工、生产的？，比如：服装加工厂买的布 |
| 库存商品 | 已经加工完毕待出售的商品，比如：服装加工厂生产的衣服 |
| 固定资产 | 用于购买价值较大、使用时间较长的设备、厂房的 |
| 应收账款 | 生产的产品卖给客户，但客户暂时赊账，就属于应收账款。当客户变成老赖甚至彻底收不回来，就成了坏账 |
| 预付账款 | 有的供应商很牛，企业跟他们合作需要先付钱才能收到货，预先付出去的钱就是预付账款。比如，格力的经销商从格力拿货前，需要先付款后拿货 |
| 短期借款 | 企业向银行借的钱，1 年内就得还的，就是短期借款 |
| 长期借款 | 企业向银行借的钱，超过 1 年以上才需要还的，就是长期借款 |
| 预收账款 | 很牛的企业向客户销售商品时，必须客户先付款才行，预先收到的客户的款项就是预收账款。董明珠：我们不需要银行贷款，账上还有 1 000 亿元。格力销售空调时，要求经销商先付款才能提货。 |
| 应付账款 | 采购货物时，暂时不给钱，先赊欠着，赊欠的钱就是应付账款。 |
| 应交税费 | 企业要向政府缴纳的各项税费。本杰明·富兰克林说过："人的一生有两件事不可避免，死亡和纳税。" |
| 应付职工薪酬 | 企业欠员工的工资 |
| 实收资本/股本 | 股东投到公司里面的钱。"大众创新，万众创业"，创业是需要钱的，向公司投资的钱就是实收资本（股本） |
| 资本公积 | 假设甲乙共同成立一公司，两人各投 50 万元，各占 50% 的股份。2 年后，一风投机构看上公司前景，对企业投资 1 000 万元，占 20% 的股份，风投机构投资的 1 000 万元中，只有 25 万元计入实收资本（100 万÷80%×20%），剩余的 975 万元都要计入资本公积，互联网公司的融资发展过程就是这样 |
| 盈余公积 | 企业经营赚了钱后，国家要求必须拿出一部分钱留在企业，供企业长远发展，这部分钱就是"盈余公积"。 |
| 未分配利润 | 企业赚了钱后，扣除盈余公积后尚未向股东分红的钱；如果企业亏损，不需要提盈余公积，亏的钱也放在这里 |
| 主营业务收入 | 企业的主营业务收到的钱，或者叫主业收入，比如，面粉加工厂销售面粉取得的收入是主营业务收入 |

续表

| 科目名称 | 解　　释 |
|---|---|
| 其他业务收入 | 企业非主营业务收到的钱，或者叫副业收入。比如，蛋糕店卖蛋糕收到的钱是主营业务收入，但是卖面粉收到的钱就是其他业务收入 |
| 主营业务成本 | 企业主营业务或者主业发生的直接成本。比如，蛋糕店生产蛋糕用的面粉、奶油 |
| 其他业务成本 | 企业非主营业务或者副业发生的直接成本。比如，蛋糕店把面粉卖了，面粉的成本就是其他业务成本 |
| 营业外收入 | 当天掉了一个馅饼正好砸到企业头上，这个馅饼的钱，就是营业外收入。 |
| 营业外支出 | 天有不测风云，天降意外时，企业发生的损失，就是营业外支出 |

# 第 12 章　纳税知识懂多少？ 你交过税吗

我把会计科目理解、记住后，感觉自己在会计道路上又前进了一步，原来模糊的东西已经逐渐清晰起来。第二天刚上班，崔总就召集我们一起开会，说是税务局要来公司检查，我看到好多人脸色都变了。崔总做了具体工作安排，由李主管具体负责，其他人做好配合。

会后，我在心里嘀咕着，税务检查是怎么回事？为什么大家听到税务局来检查这么紧张呢？过了一会儿，李主管列出了一些凭证号，让我把这些凭证都找出来，我很快就把凭证翻出来，交给了李主管。看李主管一脸严肃，我都不敢说话了。

"税务检查是怎么回事？为什么大家都这么紧张?"我看刘会计不是很紧张。

"就是税务局要来企业检查纳税情况，我们财务人员要做好配合工作。如果检查时发现税款少缴了，就会处罚企业；而企业被处罚的时候，老板往往会责怪财务办事不利。财务人员左右两难，要不怎么会这么紧张！"刘会计说这话的时候云淡风轻的，看来每个人遇到问题时的表现是不一样的。

我手头上没有其他工作，就去翻看以前月份的凭证，我找到一张 6 月的凭证，上面的会计分录是：

　　借：应交税费——未交增值税　　　　　　　　　　6 212
　　　　贷：银行存款——工商银行　　　　　　　　　　6 212

记账凭证后附了一张单据，是工商银行的电子回单（见图 12 - 1），我看着有点懵啊。李主管那么严肃，我可不敢跟她说话，就请教刘会计吧。

"这是银行缴税的回单，你看回单包括三部分：上面是付款人的信息，'付款人名称：北京伊人皮具加工有限公司'就是咱们公司的名称，接下来是公司开户银行及账号；中间是征收机关的信息，这是咱们公司的主管税务机关；最下面是税费的详细信息，这是缴纳的'增值税'，金额是 6 212 元。看完银行回单，你再看前面的'记账凭证'，这就是缴纳增值税的记账凭证。"刘会计说得头头是道，"我们每个月都要报税，报税也是我们会计工作的一部分。"

```
                    中国工商银行电子回单

付 款 人 名 称：北京伊人皮具加工有限公司      扣款日期：20190608
付 款 人 账 号：0010 6688 4287 2432           清算日期：20190608
付款人开户银行：中国工商银行北京经济开发区支行

征收机关 名 称：北京市亦庄区税务局第一税务所
收 款 人 账 号：0100 6688 1212 1314
收款人开户银行：国家金库亦庄区支库

款 项 内 容：代扣税款
小 写 金 额：￥6212.00
大 写 金 额：陆仟贰佰壹拾贰元整
纳 税 人 识别号：911101140865885514
纳 税 人 名 称：北京伊人皮具加工有限公司
税种            所属期             纳税金额
增值税       20190501-20190531      6212.00

经办：      复核：    打印次数：第一次打印    打印日期：20190608
```

**图 12-1　银行电子回单**

我知道"应交税费"这个科目，李主管对它的解释是："人的一生有两件事不可避免：死亡和纳税。"（本杰明·富兰克林）

"其实每个人都是纳税人，我们每天的衣食住行都是要缴税的。"

"为什么？我还没有毕业，没有正式工作，我也是纳税人吗？"

"你的手机多少钱买的？"刘会计问。

"2 000 多块钱，我上学期拿了奖学金后买的，之前的手机不到 1 000 块钱。"我看了一眼刘会计的手机，是最新款的 Iphone，她那一个手机的钱够我买好几个的了。

"你买了手机，其实已经缴税了。在手机的价格里面就包含着税款。就像咱们公司上月缴的增值税 6 212 元，我们公司生产的皮包最终是卖给消费者的，消费者买包的价格里面就包含税款。"

确实是这个道理，我想起了《史记》中的一句话："天下熙熙，皆为利

## 第 12 章　纳税知识懂多少？你交过税吗

来；天下嚷嚷，皆为利往。"商家肯定是要赚钱的，他们要求消费者支付的价格里面除了成本、税费，还有商家要赚的利润，如果商家赔本，那他们肯定就不干了。"那有的人，不买手机、不买包的，就像上一辈的老人，他们还用缴税吗？"

"衣、食、住、行都要缴税，人人都离不开衣、食、住、行。"

"因为衣、食、住、行要花钱，而花的钱里面就含着要缴给国家的税款了？"

"对，你买衣服，100 块钱的衣服里面包含大约 15 块钱的税费。化妆品很贵是吧？化妆品里面包含的税就更多了，增值税、消费税……如果化妆品是进口的，还有关税。"

"我坐公交车一天就花 2 块钱，这里面含多少税啊？"

"公交公司的税费低一些，但是也有增值税、附加税费。不同的税款计算方法是不一样的。"

"那就以咱们公司为例，咱们公司缴什么税呢？"

"你看到的这张凭证，就是缴纳的'增值税'。除了'增值税'还有……"

"那你先给我讲讲增值税吧。"一口吃不成胖子，我先学会一个算一个。

刘会计发给了我一个文件，是她初学增值税时整理的，让我自己先看着，她要跟李主管一起去税务局，中午再给我讲。

增值税是针对增值额征收的一种税，以衣服为例，厂家以出厂价格 50 元卖给批发商，批发商再以 100 元的价格卖给零售商，零售商以 120 元的价格卖给消费者。在这个过程中，批发商的增值额是 50 元（销货价 100 元减去进货价 50 元），零售商的增值额是 20 元（销货价 120 元减去进货价 100 元）。

增值税是以增值额来征收的，衣服适用的增值税税率为 13%，所以批发商的增值税是 6.5 元（增值额 50 元乘以 13%），零售商的增值税是 2.6 元（增值额 20 元乘以 13%）。这是直接使用增值额来计算增值税的方法。

但是，在我国的税收征管中，采用的是销项税额减去进项税额的方法。以零售商为例，销货价 120 元乘以增值税税率 13% 等于 15.6 元，这个称为销项税额（按照销售额和适用税率计算增值税税额）；进货价 100 元乘以增值税税率 13% 等于 13 元，这个称为进项税额（购进货物或应税劳务缴纳的增值税税额）。销项税额与进项税额相减得到企业当期的应纳税额（见图 12-2）。销项税额的计算依据是企业当期的销售额，而进项税额是凭票来确认的，进货时取得符合规定的发票,将发票在税务局系统中确认后,就可以在计算增值税时将这部分进项税额减掉,这个过程又被称为"进项税额抵扣"。对企业来说,可以抵扣的进项税额越多,企业应缴的增值税就越少;如果抵扣的税额比较少,那企业要缴的增值税就多。

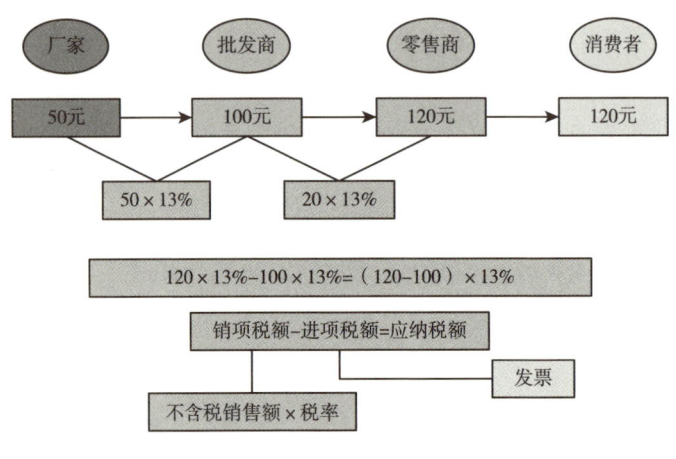

图 12-2 增值税计算示意图

在增值税的计算过程中,增值税属于价外税。以批发商销售衣服为例,批发商销售给零售商的衣服价格是 100 元,如果这 100 元里面不包含增值税,那增值税 13 元(100×13%)是批发商额外向零售商收取的税款,所以批发商应该向零售商收取价款 113 元(销货价 100 元加上增值税 13 元);同样的道理,批发商进货时向厂家支付的价款就是 56.5 元(进货价 50 元加上增值税 6.5 元)。

我们逛街买东西时,商家报出的价格只有一个。就拿我买的手机来说,一部 2 399 元,于是我付给商家 2 399 元。这时候对商家来说就需要做"价税分离",也就是把价格和税款分离。假设商家销售手机的不含税销售价格为 A,那么增值税是 A×13%,所以 A×(1+13%)=2 399,则 A=2 399÷(1+13%)=2 123(元),即增值税为 276 元。这是商家销售这一部手机的销项税额,再减去商家的进项税额后,就是商家应该向国家缴纳的税款,假设进项税额为零,那商家就要缴 276 元的增值税税款。对我来说,作为消费者,我买手机的时候其实就缴了 276 元的税款。

# 第13章 什么是增值税

中午,李主管和刘会计从税务局回来了,我看李主管已经不像早上那么严肃了。午饭点了一份外卖,25元的黄焖鸡米饭,我边吃边想:我这一份25元的外卖中包含了多少增值税呢,难道是2.88元(25/1.13×13%)?那我一个月吃饭花1 000元,一年花12 000元,就要贡献不少的税款啊!

吃完饭后,我和刘会计到楼下溜达。"我中午吃的黄焖鸡米饭,其中包含2.88元的增值税。"我向刘会计解释着我对增值税的理解,以及午饭增值税税款的计算。

"你算错了,不是2.88元,最多是1.42元,增值税税率有好几档,13%是目前最高的一档了。"刘会计停顿了一下说,"你现在学习增值税才刚刚入门,只是理解了原理,增值税是一个复杂的体系。在学习税法时,每一个税种都包括多个要素:纳税义务人、征税对象、税目、税率、计税依据、纳税环节、纳税期限、纳税地点、税收优惠。"

刘会计以我们公司为例给我讲解了增值税的基本知识。原来增值税的纳税人有两类:一般纳税人、小规模纳税人。一般纳税人规模比较大(年销售额500万元以上)或者会计核算比较健全。我们公司购进皮革、布料加工生产成皮包,年销售额在1 000万元以上,属于增值税一般纳税人。所以,我们公司的增值税税款计算就用"销项税额"减去"进项税额"的方法,这种计算税款的方法比较复杂,对企业的会计核算水平要求较高。很多企业规模很小,比如街边的小餐馆,或者企业没有自己的会计人员,那就是小规模纳税人。小规模纳税人的税款计算比较简单,用销售额乘以征收率就可以了,比如街边的一家卖麻辣烫的店是小规模纳税人,假设有一天卖麻辣烫收款5 000元,征收率是3%,那要缴增值税145.63元(5 000÷1.03×0.03)。

"那我中午吃的25元的黄焖鸡米饭,如果商家是小规模纳税人的话,那增值税就是 0.73 元。那你说最多 1.42 元又是怎么算的？"

"增值税税率有 13%、9%、6%、0% 这四档，餐饮的税率是 6%，所以销项税额是 1.42 元（25/1.06×0.06），但是餐馆计算增值税时还可以抵扣进项，所以最多增值税税款是 1.42 元。"

"那税率高的缴的税款就多，税率低的缴的税款就少呗。"我根据刘会计说法的推论道。

"是的。销售商品、采购原材料的会计分录你都知道吧？"

"销售商品的会计分录，借：银行存款/应收账款；贷：主营业务收入、应交税费——应交增值税（销项税额）。"我随后说道，"采购原材料的会计分录，借：原材料、应交税费——应交增值税（进项税额）；贷：银行存款/应付账款。"

"税款的计算跟会计处理是密切联系的，企业缴给国家的税款，也是要做账的。"刘会计建议我仔细翻看公司某一个月的业务再结合着纳税申报表来学习。

回到办公室，我心想就以 6 月的业务为准吧，因为我上午已经把 6 月的凭证翻出来了。我们公司是一般纳税人，那就是销项税额减去进项税额从而计算出增值税税款。我把 6 月的业务中涉及增值税的凭证都找出来了，总共有 13 笔。

（1）记 -3 号凭证，购买涤纶丝光里布，款项未付，记账凭证如图 13 -1 所示。

**记账凭证**

2019 年 6 月 4 日　　　　　　　　　　　　　　　　记字第 3 号

| 摘要 | 会计科目 | 借方 | 贷方 | |
|---|---|---|---|---|
| 购买涤纶丝光里布 | 原材料——主料——涤纶丝光里布（褐色不带花纹） | 4 000.00 | | 附单据2张 |
| | 原材料——主料——涤纶丝光里布（褐色带花纹） | 6 600.00 | | |
| | 应交税费——应交增值税——进项税额 | 1 378.00 | | |
| | 应付账款——北京亮滑布料有限公司 | | 11 978.00 | |
| | | | | |
| 合计：人民币大写：壹万壹仟玖佰柒拾捌元整 | | 11 978.00 | 11 978.00 | |

会计主管：　　　　　记账：　　　　　审核：王芬　　　　　制单：张颖

图 13 - 1　记 - 3 号记账凭证

## 第 13 章 什么是增值税

该凭证后附的发票是增值税专用发票（见图 13-2），价税合计是 11 978 元，金额是 10 600 元，税额是 1 378 元。我们公司向商家付款 11 978 元，其中包含进项税 1 378 元，看来增值税专用发票可以做进项税额抵扣。

图 13-2 增值税专用发票

（2）记-5 号凭证，是一笔销售业务，银行已收款，向天虹商城销售皮包一批。记账凭证如图 13-3 所示。

**记账凭证**

2019 年 6 月 5 日　　　　　　　　　　　　记字第 5 号

| 摘要 | 会计科目 | 借方 | 贷方 | |
|---|---|---|---|---|
| 向天虹商城销售皮包一批 | 银行存款——工商银行 | 102 830.00 | | 附单据3张 |
| | 主营业务收入——女士单肩包 | | 57 000.00 | |
| | 主营业务收入——女士双肩包 | | 34 000.00 | |
| | 应交税费——应交增值税——销项税额 | | 11 830.00 | |
| | | | | |
| | | | | |
| 合计：人民币大写：壹拾万贰仟捌佰叁拾元整 | | 102 830.00 | 102 830.00 | |

会计主管：　　　　　记账：　　　　　审核：王芬　　　　　制单：张颖

图 13-3 记-5 号记账凭证

（3）记-9号凭证，报销李玉荣差旅费，退回现金30元，冲借款3 000元。记账凭证如图13-4所示。

**记账凭证**

2019年6月10日　　　　　　　　　　　　　　记字第9号

| 摘要 | 会计科目 | 借方 | 贷方 | |
|---|---|---|---|---|
| 报销李玉荣差旅费 | 销售费用——差旅费 | 2 965.13 | | |
| | 应交税费——应交增值税——进项税额 | 4.87 | | 附单据3张 |
| | 库存现金 | 30.00 | | |
| | 其他应收款——内部员工——李玉荣 | | 3 000.00 | |
| | | | | |
| | | | | |
| 合计：人民币大写：叁仟元整 | | 3 000.00 | 3 000.00 | |

会计主管：　　　　记账：　　　　审核：王芬　　　　制单：张颖

**图13-4　记-9号记账凭证**

我不理解4.87元的进项税额是怎么计算的，向刘会计请教后才知道，李玉荣出差坐火车，往返的火车票金额是59元，2019年4月1日后，火车票是可以计算抵扣增值税的，因此可以抵扣的增值税税款是4.87元（59/1.09×0.09）。原来交通运输服务的增值税税率是9%啊，我们公司抵扣了4.87元的增值税，对于铁路运输公司来说就产生了4.87元的销项税额。

（4）记-10号凭证，购进拉链，工行账户支付货款，记账凭证如图13-5所示。

**记账凭证**

2019年6月10日　　　　　　　　　　　　　　记字第10号

| 摘要 | 会计科目 | 借方 | 贷方 | |
|---|---|---|---|---|
| 购进拉链 | 原材料——辅料——拉链（60cm） | 2 500.00 | | |
| | 原材料——辅料——拉链（30cm） | 10 000.00 | | |
| | 原材料——辅料——拉链（20cm） | 12 000.00 | | 附单据3张 |
| | 原材料——辅料——拉链（10cm） | 3 000.00 | | |
| | 应交税费——应交增值税——进项税额 | 3 575.00 | | |
| | 银行存款——工商银行 | | 31 075.00 | |
| 合计：人民币大写：叁万壹仟零柒拾伍元整 | | 31 075.00 | 31 075.00 | |

会计主管：　　　　记账：　　　　审核：王芬　　　　制单：张颖

**图13-5　记-10号记账凭证**

(5) 记 – 11 号凭证，购进打印机，工行账户支付货款，记账凭证如图 13 – 6 所示。

**记账凭证**

2019 年 6 月 10 日　　　　　　　　　　　记字第 11 号

| 摘要 | 会计科目 | 借方 | 贷方 |
|---|---|---|---|
| 购进打印、复印一体机一台 | 固定资产——一体机 | 4 355.00 | |
| | 应交税费——应交增值税——进项税额 | 566.15 | |
| | 银行存款——工商银行 | | 4 921.15 |
| | | | |
| | | | |
| | | | |
| 合计：人民币大写：肆仟玖佰贰拾壹元壹角伍分 | | 4 921.15 | 4 921.15 |

附单据 2 张

会计主管：　　　　记账：　　　　审核：王芬　　　　制单：张颖

**图 13 – 6　记 – 11 号记账凭证**

(6) 记 – 16 号凭证，购进牛皮、货款未付，记账凭证如图 13 – 7 所示。

**记账凭证**

2019 年 6 月 16 日　　　　　　　　　　　记字第 16 号

| 摘要 | 会计科目 | 借方 | 贷方 |
|---|---|---|---|
| 购进牛皮 | 原材料——主料——头层牛皮 | 120 000.00 | |
| | 原材料——主料——二层牛皮 | 105 000.00 | |
| | 应交税费——应交增值税——进项税额 | 29 250.00 | |
| | 应付账款——北京同仁商贸有限公司 | | 254 250.00 |
| | | | |
| | | | |
| 合计：人民币大写：贰拾伍万肆仟贰佰伍拾元整 | | 254 250.00 | 254 250.00 |

附单据 2 张

会计主管：　　　　记账：　　　　审核：王芬　　　　制单：张颖

**图 13 – 7　记 – 16 号记账凭证**

(7) 记 – 17 号凭证，向张家口前进商贸有限公司销售皮包一批，款项未收，记账凭证如图 13 – 8 所示。

**记账凭证**

2019 年 6 月 16 日　　　　　　　　　　　　记字第 17 号

| 摘要 | 会计科目 | 借方 | 贷方 |
|---|---|---|---|
| 向张家口前进商贸有限公司销售皮包一批 | 应收账款——张家口前进商贸有限公司 | 146 900.00 | |
| | 主营业务收入——女士单肩包 | | 70 000.00 |
| | 主营业务收入——女士双肩包 | | 33 000.00 |
| | 主营业务收入——女士钱包 | | 27 000.00 |
| | 应交税费——应交增值税——销项税额 | | 16 900.00 |
| | | | |
| 合计：人民币大写：壹拾肆万陆仟玖佰元整 | | 146 900.00 | 146 900.00 |

会计主管：　　　　记账：　　　　审核：王芬　　　　制单：张颖

附单据 2 张

图 13 - 8　记 - 17 号记账凭证

（8）记 - 22 号凭证，现金支付北京航天信息开票系统服务费 280 元，记账凭证如图 13 - 9 所示。

**记账凭证**

2019 年 6 月 21 日　　　　　　　　　　　　记字第 22 号

| 摘要 | 会计科目 | 借方 | 贷方 |
|---|---|---|---|
| 付税控系统维护费 | 管理费用——办公费 | 280.00 | |
| | 库存现金 | | 280.00 |
| 税控系统维护费抵减税款 | 应交税费——应交增值税——减免税款 | 280.00 | |
| | 管理费用——办公费 | -280.00 | |
| | | | |
| | | | |
| 合计：人民币大写：贰佰捌拾元整 | | 280.00 | 280.00 |

会计主管：　　　　记账：　　　　审核：王芬　　　　制单：张颖

附单据 1 张

图 13 - 9　记 - 22 号记账凭证

后附的发票如图 13 - 10 所示。

通过请教刘会计得知，企业初次购买的税控设备以及每年支付的税控维护费可以全额从应缴纳的税款中抵扣，而这项抵扣就属于国家的一项税收优惠政策，所以要记到"应交税费——应交增值税——减免税款"中。因为国家给予了税收优惠,所以要把原来记的"管理费用"冲掉。发票上面的税率是"6%",因为"税控维护费"属于增值税税率为"6%"中包含的服务。

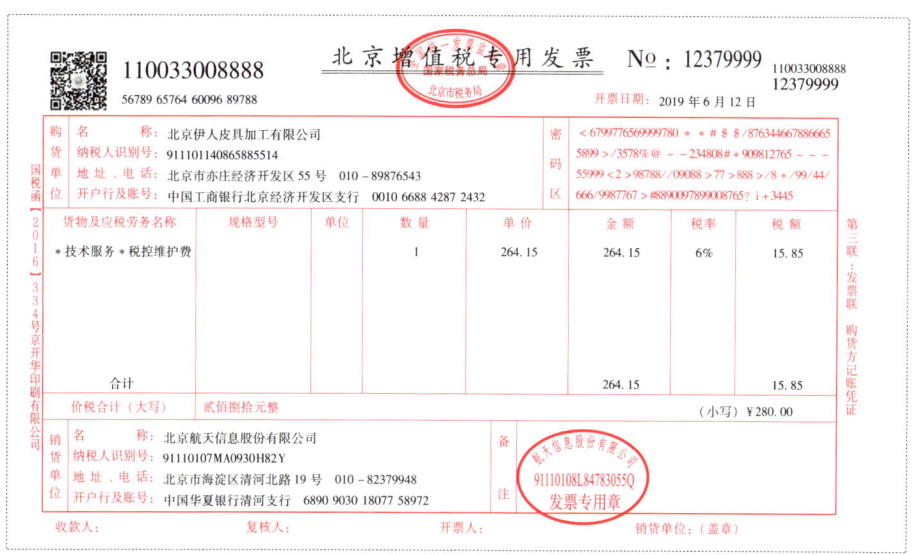

图 13-10　增值税专用发票

(9)记-23号凭证,报销油料费,记账凭证如图 13-11 所示。

**记账凭证**

2019 年 6 月 22 日　　　　　　　　　　　　记字第 23 号

| 摘要 | 会计科目 | 借方 | 贷方 | |
|---|---|---|---|---|
| 报销油料费 | 管理费用——加油费 | 5 000.00 | | 附单据1张 |
| | 应交税费——应交增值税——进项税额 | 650.00 | | |
| | 库存现金 | | 5 650.00 | |
| | | | | |
| | | | | |
| | | | | |
| 合计:人民币大写:伍仟陆佰伍拾元整 | | 5 650.00 | 5 650.00 | |

会计主管:　　　　记账:　　　　审核:王芬　　　　制单:张颖

图 13-11　记-23 号记账凭证

对企业来说,抵扣进项税额时,只要是企业的采购业务,并且符合抵扣的要求,都可以做进项税额抵扣。报销的油料费,因为车辆是管理部门使用,所以要计入"管理费用"。

（10）记-26号凭证，支付本月电费，电费分摊比例：生产部门承担80%，行政办公承担20%。记账凭证如图13-12所示。

记账凭证

2019年6月25日　　　　　　　　　　　　记字第26号

| 摘要 | 会计科目 | 借方 | 贷方 |
|---|---|---|---|
| 支付本月电费 | 制造费用 | 2 800.00 | |
| | 管理费用——水电费 | 700.00 | |
| | 应交税费——应交增值税——进项税额 | 455.00 | |
| | 库存现金 | | 3 955.00 |
| | | | |
| | | | |
| 合计：人民币大写：叁仟玖佰伍拾伍元整 | | 3 955.00 | 3 955.00 |

附单据2张

会计主管：　　　　记账：　　　　审核：王芬　　　　制单：张颖

**图13-12　记-26号记账凭证**

（11）记-27号凭证，销售北京华联商厦皮包一批，尚未收款，记账凭证如图13-13所示。

记账凭证

2019年6月25日　　　　　　　　　　　　记字第27号

| 摘要 | 会计科目 | 借方 | 贷方 |
|---|---|---|---|
| 销售北京华联商厦皮包一批 | 应收账款——北京华联商厦股份有限公司 | 75 710.00 | |
| | 主营业务收入——女士单肩包 | | 38 000.00 |
| | 主营业务收入——女士双肩包 | | 16 000.00 |
| | 主营业务收入——女士钱包 | | 13 000.00 |
| | 应交税费——应交增值税——销项税额 | | 8 710.00 |
| | | | |
| 合计：人民币大写：柒万伍仟柒佰壹拾元整 | | 75 710.00 | 75 710.00 |

附单据2张

会计主管：　　　　记账：　　　　审核：王芬　　　　制单：张颖

**图13-13　记-27号记账凭证**

（12）记-33号凭证，报废原来打印机，收到现金300元，记账凭证如图13-14与图13-15所示。

## 记账凭证

2019 年 6 月 28 日　　　　　　　　记字第 33（1/2）号

| 摘要 | 会计科目 | 借方 | 贷方 |
|---|---|---|---|
| 报废原来打印机 | 固定资产清理 | 1 740.00 | |
| | 累计折旧 | 10 260.00 | |
| | 固定资产——打印机 | | 12 000.00 |
| 收打印机处置款 | 库存现金 | 300.00 | |
| | 固定资产清理 | | 265.49 |
| | 应交税费——应交增值税——销项税额 | | 34.51 |
| 合计：人民币大写：壹万叁仟柒佰柒拾肆元伍角壹分 | | 13 774.51 | 13 774.51 |

附单据 2 张

会计主管：　　　　记账：　　　　审核：王芬　　　　制单：张颖

**图 13-14　记-33 号记账凭证（一）**

## 记账凭证

2019 年 6 月 28 日　　　　　　　　记字第 33（2/2）号

| 摘要 | 会计科目 | 借方 | 贷方 |
|---|---|---|---|
| 结转处置损益 | 营业外支出——非流动资产处置净损失 | 1 474.51 | |
| | 固定资产清理 | | 1 474.51 |
| | | | |
| | | | |
| | | | |
| 合计：人民币大写：壹万叁仟柒佰柒拾肆元伍角壹分 | | 13 774.51 | 13 774.51 |

附单据 2 张

会计主管：　　　　记账：　　　　审核：王芬　　　　制单：张颖

**图 13-15　记-33 号记账凭证（二）**

请教刘会计后，我把固定资产整个账务处理梳理了一遍：

（1）对于固定资产来说，企业购置固定资产时，账务处理：

借：固定资产

　　贷：银行存款/应付账款

（2）每月计提折旧时，根据计算的折旧金额，账务处理：

借：管理费用/销售费用

　　贷：累计折旧

（3）固定资产报废时，要通过"固定资产清理科目"核算。这是一个过渡科目，当固定资产清理完毕后，该科目余额结为零。所谓过渡科目，可以理解成临时科目。

在我们公司的这笔业务中，固定资产清理的账务处理分为3步：

①将固定资产转入清理，账务处理：

借：固定资产清理　　　　1 740（根据借贷相等规则计算出来）
　　累计折旧　　　　　　10 260（将该打印机的累计折旧结平）
　贷：固定资产　　　　　12 000（将该打印机的账面原值结平，因为
　　　　　　　　　　　　　　　　固定资产处置后，其原值、累计折旧
　　　　　　　　　　　　　　　　都应该为零）

②收到固定资产处置价款，账务处理：

借：库存现金　　　　　　　　300（处置打印机收到的价款）
　贷：固定资产清理　　　265.49（300元减去增值税销项税额）
　　　应交税费——应交增值税——销项税额
　　　　　　　　　　　　　34.51（打印机适用增值税税率13%，300/1.13×13%）

③结转处置损益，把"固定资产清理"的余额转入"营业外收入"或"营业外支出"，因为对企业来说，处置固定资产是偶然发生的业务，所以不能算到企业的收入、成本里。如果是处置净收益，记入"营业外收入"；如果是处置净损失，记入"营业外支出"。

在这笔业务中，"固定资产清理"是借方余额1 474.51元，因此贷记"固定资产清理"，然后借记"营业外支出"。"固定资产清理"丁字账如图13-16所示。

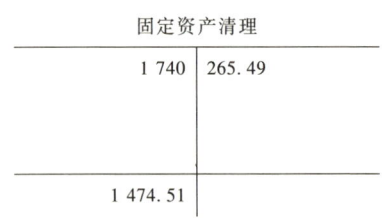

图13-16　"固定资产清理"丁字账

这笔资产处置业务产生了处置净损失，账务处理：

借：营业外支出　　　　1 474.51（根据借贷相等规则计算出来）
　贷：固定资产清理 1 474.51（将"固定资产清理"的余额结平）

如果企业处置固定资产时产生了处置净收益，账务处理为：

借：固定资产清理

　　贷：营业外收入

（13）记-42号凭证，结转增值税，记账凭证如图13-17所示。

**记账凭证**

2019年6月30日　　　　　　　　　　记字第42号

| 摘要 | 会计科目 | 借方 | 贷方 |
|---|---|---|---|
| 结转增值税 | 应交税费——应交增值税——转出未交增值税 | 1 315.49 | |
| | 应交税费——未交增值税 | | 1 315.49 |
| | | | |
| | | | |
| | | | |
| | | | |
| 合计：人民币大写：壹仟叁佰壹拾伍元肆角玖分 | | 1 315.49 | 1 315.49 |

附单据1张

会计主管：　　　记账：　　　审核：王芬　　　制单：张颖

图13-17　记-42号记账凭证

凭证后面的附件如表13-1所示。

表13-1　　　　　　　　　增值税计算表

| 性质 | 金额 |
|---|---|
| 期初留抵 | — |
| 本月销项税额 | 37 474.51 |
| 本月进项税额 | 35 879.02 |
| 减免税款 | 280.00 |
| 应交增值税 | 1 315.49 |

6月有关增值税的凭证共这13张，前12张我都明白是怎么回事，但是第13笔不明白，等我看刘会计有空时就去请教她。

# 第 14 章　增值税如何记账

公司是增值税一般纳税人，所以增值税是用销项税额减去进项税额来计算的。我根据记账凭证，画出了 6 月份的销项税额、进项税额丁字账（见图 14-1）。

| 应交税费——应交增值税——销项税额 | | 应交税费——应交增值税——进项税额 | |
|---|---|---|---|
| (5) | 11 830.00 | (3) | 1 378.00 |
| (17) | 16 900.00 | (9) | 4.87 |
| (27) | 8 710.00 | (10) | 3 575.00 |
| (33) | 34.51 | (11) | 566.15 |
| | | (16) | 29 250.00 |
| | | (23) | 650.00 |
| | | (26) | 455.00 |
| | 37474.51 | | 35 879.02 |

图 14-1　销项税额与进项税额丁字账

根据丁字账，统计出 6 月的销项税额是 37 474.51 元，进项税额是 35 879.02 元，另外税控设备减免增值税是 280 元。

"增值税按月申报，你思考一下，一个月中会出现销项税额小于进项税额的情形吗？"刘会计说。

"应该会，如果这个月销货少，但是采购比较多的话，销项税额减去进项税额就是负数。应纳税额小于零怎么办呢？"

"当销项税额减去进项税额是负数时，当月应纳税额就是 0，进项税额大于销项税额的部分就会形成留抵税额，在以后计算增值税时可以用来抵扣。

所以你看到的增值税计算过程中还要考虑期初留抵税额,因为税款的计算是连续的,就跟会计分期是一样的道理。"

"所以在计算增值税时,就要用'期初留抵税额'+'销项税额'-'进项税额'-'减免税款'来计算,把数据带进去后,得到 6 月应缴的增值税是 1 315.49 元。"我边说边用计算器计算着(见表 14–1)。

表 14–1　　　　　　　　　　增值税计算表

| 性质 | 金额 |
| --- | --- |
| 期初留抵 | — |
| 本月销项税额 | 37 474.51 |
| 本月进项税额 | 35 879.02 |
| 减免税款 | 280.00 |
| 应交增值税 | 1 315.49 |

刘会计拿起计算器重新计算了一遍,"是的,6 月应缴的增值税是 1 315.49 元。所以月底要做一笔结转增值税的凭证,就是 42 号凭证(见图 14–2)。"

**记账凭证**

2019 年 6 月 30 日　　　　　　　　　　记字第 42 号

| 摘要 | 会计科目 | 借方 | 贷方 |
| --- | --- | --- | --- |
| 结转增值税 | 应交税费——应交增值税——转出未交增值税 | 1 315.49 | |
| | 应交税费——未交增值税 | | 1 315.49 |
| | | | |
| | | | |
| | | | |
| | | | |
| 合计:人民币大写:壹仟叁佰壹拾伍元肆角玖分 | | 1 315.49 | 1 315.49 |

会计主管:　　　　　记账:　　　　　审核:王芬　　　　　制单:张颖

附单据 1 张

图 14–2　42 号记账凭证

"为什么这笔凭证要借记'应交税费——应交增值税——转出未交增值税',贷记'应交税费——未交增值税'呢?那账里面的'销项税额''进项税额'的余额会原来越大,无法消除了。"

"'销项税额''进项税额'的余额是越来越大,不用消除。这是因为增值税的计算原理,你通过会计科目来理解,'应交税费——应交增值税'就是企业应该缴纳的增值税。月底，如果'应交税费——应交增值税'有贷方余额，说明什么？"

"说明这月需要缴增值税。'借方税额'就说明有留抵税额了。"我通过字面理解，因为科目名称就是"应交增值税"。

"对，所以如果有贷方余额，就把这个贷方余额记入'应交税费——应交增值税——未交增值税'的借方，这样'应交税费——应交增值税'就不会有余额了；然后贷记'应交税费——未交增值税'，说明企业有了未缴的增值税。等到下月报税缴完税款后，再做账务处理。借：应交税费——未交增值税；贷：银行存款。"

我根据刘会计的解释，画出了一个图（见图 14-3）。

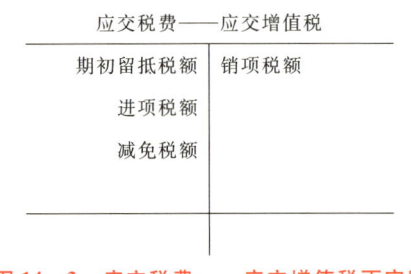

图 14-3  应交税费——应交增值税丁字账

如果"应交税费——应交增值税"是借方余额，表示企业产生了留抵税额，可以结转下期继续抵扣增值税；如果是贷方余额，说明企业当月应缴纳增值税，就要使用另一个三级科目"转出未交增值税"转到'未交增值税'中，如图 14-4 所示。

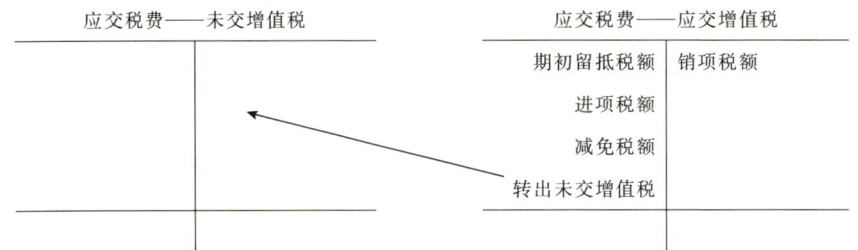

图 14-4  未交增值税转出示意图

这样在 6 月底我们公司"应交税费——未交增值税"有 1 315.49 元的余额，表示 6 月需要缴纳的增值税。而增值税在税务局的征收管理中，是按月申报的，6月产生的税款应该在7月的征期申报，6月是税款属期，7月是征期。税务局每月都会公布征期，通常是每月的1—15日，但到"五一""十一"法定节假日时，征期会延长。所以会计月底、月初都很忙，月底要忙着结账，月初还要报税。

假如到了7月10日，我们公司把税款缴纳完毕，则账务处理是：

借：应交税费——未交增值税　　　　　　　　　　　　1 315.49
　　贷：银行存款　　　　　　　　　　　　　　　　　　1 315.49

把"应交税费——未交增值税"画出T型账户，如图14-5所示，企业7月初缴税后，"应交税费——未交增值税"期末余额为零。

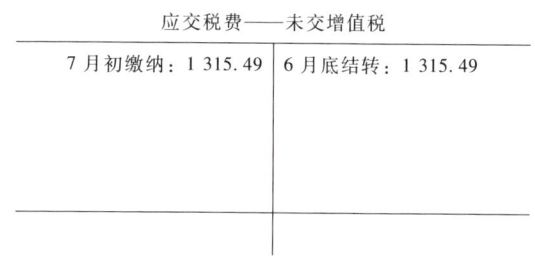

**图14-5　未交增值税T型账户**

经过大半天，我终于把增值税的计算搞明白了，刚要松口气，听到刘会计说："小白，你看一下6月的43号凭证是什么？"

我翻出来了6月底记—43号凭证，也是税费的凭证（见图14-6）。

**记账凭证**

2019年6月30日　　　　　　　　　　　　　记字第43号

| 摘要 | 会计科目 | 借方 | 贷方 | |
|---|---|---|---|---|
| 计提附加税 | 税金及附加 | 157.85 | | 附单据1张 |
| | 应交税费——应交城市维护建设税 | | 92.08 | |
| | 应交税费——应交教育费附加 | | 39.46 | |
| | 应交税费——应交地方教育附加 | | 26.31 | |
| | | | | |
| | | | | |
| 合计：人民币大写：壹佰伍拾柒元捌角伍分 | | 157.85 | 157.85 | |

会计主管：　　　　　　记账：　　　　审核：王芬　　　　制单：张颖

**图14-6　记—43号记账凭证**

凭证后面的附件如表 14-2 所示。

表 14-2 附加税费计算表

| 项目 | 计税依据 | 税率 | 税额 |
| --- | --- | --- | --- |
| 城建税 | 1 315.49 | 7% | 92.08 |
| 教育费附加 | 1 315.49 | 3% | 39.46 |
| 地方教育附加 | 1 315.49 | 2% | 26.31 |
| 合计 | | | 157.85 |

"43 号凭证好像也是一笔税费的凭证。"

"这本来就是税费的凭证，这是计提附加税费的凭证，附加税费属于增值税的附加项。当企业要缴纳增值税时，就要缴纳附加税费。咱们公司在北京要缴纳三项附加税费：城建税（全名是'城市维护建设税'），税率7%；教育费附加，税率3%；地方教育附加，税率2%，你计算一下6月的附加税费应缴多少？"

我拿起计算器算起来，因为6月实际缴纳的增值税是 1 315.49 元，所以城建税是 92.08 元（1 315.49×7%）、教育费附加是 39.46 元（1 315.49×3%）、地方教育附加是 26.31 元（1 315.49×2%），三项合计是 157.85 元。跟凭证附件上的金额相等。其实，应该相等，否则就是算错了，可能我算错了，也可能是原来的会计算错了。

6月的附加税费在6月底要做计提凭证，会计分录是：

借：税金及附加　　　　　　　　　　　　　　157.96
　　贷：应交税费——应交城市维护建设税　　　92.08
　　　　应交税费——应交教育费附加　　　　　39.46
　　　　应交税费——应交地方教育附加　　　　26.31

"这个凭证中，'税金及附加'是一个损益类科目，因为税款属于企业的支出，缴了税款后利润会减少；另外三个科目是负债科目，6月的余额表示6月应该缴纳但尚未缴纳的税款；7月企业申报缴税后，其余额应该为0。"

我画出来了"应交税费——应交城市维护建设税"等三个科目的T型账户（见图14-7）。

## 第14章 增值税如何记账

| 应交税费——应交城市维护建设税 | | 应交税费——应交教育费附加 | |
|---|---|---|---|
| 7月初缴纳：92.08 | 6月底计提：92.08 | 7月初缴纳：39.46 | 6月底计提：39.46 |

| 应交税费——应交地方教育附加 | |
|---|---|
| 7月初缴纳：26.31 | 6月底计提：26.31 |

图 14-7 应交税费下三个科目的 T 型账户

# 第 15 章　聚餐体验个税

临近下班，李主管说晚上大家一起聚餐。财务部每月一次例行聚餐，崔总很少参加，基本都是由李主管组织。看来这次的税务检查没有什么大问题，我看李主管从税务局回来之后，下午有说有笑的，整个人轻松了很多。

可能是受会计谨慎原则的影响，财务部的人聚餐整体有点沉闷，不像销售部、行政部，人家聚餐时的氛围很"嗨"。

"今天我和刘会计去税务局，是个税自查的事儿。"李主管边吃边说，"税务局要求我们做个税自查，月底前将自查报告上交。然后税务局到下月会抽查一部分到企业实地检查。"

"那咱们公司肯定没有问题。咱们严格按照规定来扣缴个税。"王会计说道。

"大原则没有问题，有些细节方面可能存在问题。比如，9月过中秋节时，给每位员工发放的一盒月饼，也应该并到工资里面计算个税的。"刘会计说。

"发的月饼还要缴个税啊？"我在新闻里看到2019年施行了新的《个人所得税法》，是国家减税降费的一项措施，税款缴的少了。

"是的，单位发放的月饼，属于实物福利，是有价值的，这也算个人取得的所得，因此，也应该并到工资里面计算个税。"李主管说。

"相当于单位给你发的月饼，国家需要咬一口后，才是你自己的。"大家被王会计逗笑了。

"那我们今天晚上聚餐，如果点一盒月饼的话，是不是也得被国家咬一口啊？"我问道。

"不会。中秋节公司发福利，每人发一盒月饼，能准确地计算出每个人收到的月饼的价值，所以应该并到工资里面计算个税；至于聚餐时大家吃的月饼,每人吃了多少,甚至饭后打包时,每人打包了多少,这个价值是不知道的。所以不缴个税。"李主管解释道。

"那中秋节发的月饼可以变换一下,公司组织中秋赏月活动请员工品尝月饼,为避免浪费,员工把聚餐剩余的月饼打包回家。这样安排,是不是就没有个税了?"刘会计兴高采烈地说着。

"对,好办法,这种税务筹划方法很好,合法、合理地少缴了税款。春节福利咱们跟行政部商量一下,最好变通一下,既少缴了个税又完全符合税法要求。"李主管补充道。

接下来听他们讨论税务筹划的方法,你一言我一语,好热闹。我觉得好神奇啊,税务筹划合法合理地少缴了税款!对企业来说,每少缴1块钱的税款,就意味着少花1块钱,就相当于企业多赚了1块钱,这可是真金白银啊!

今天晚上的聚餐,就在大家热烈的讨论中结束了。需要学习的东西太多了,我决定周末两天就在宿舍里学习个税了。

李主管给我推荐了一个"个人所得税"的网络课程,我边听课边做学习笔记。个税的税目有6个:综合所得,经营所得,利息、股息、红利所得,财产租赁所得,财产转让所得,偶然所得(见图15-1)。

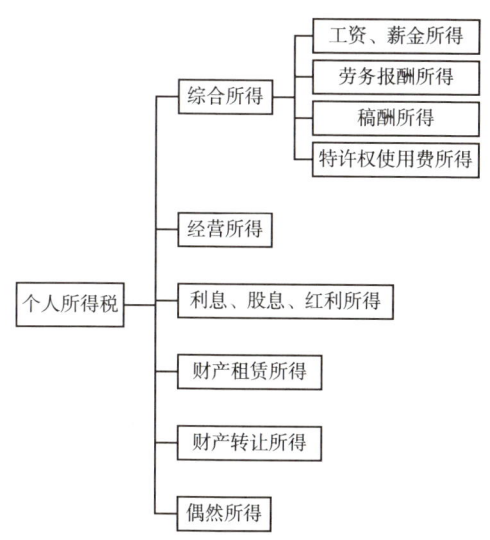

图15-1 个税思维导图

### 1. 综合所得

"综合所得"包括4项：工资、薪金所得，劳务报酬所得，稿酬所得，特许权使用费所得。

工资、薪金所得就是个人在企事业单位里面工作取得的所得。例如，在单位上班，在单位取得的工资收入、奖金收入、各种补贴等就是工资、薪金所得。

劳务报酬所得就是个人独立从事"非雇用"的各种劳务所得。比如，我们大学老师去企业授课取得的收入；演员、明星参加商务活动取得的收入。

稿酬所得就是个人因其作品以图书、报刊形式"出版、发表"而取得的所得。比如，孟老师出版了一本书，收到出版社给的稿费。

特许权使用费所得就是个人提供"专利权、商标权、著作权、非专利技术"以及其他特许权的"使用权"所得。比如，我班一同学自己设计开发了一款游戏，申请了专利，将这项专利授权企业使用时，企业支付给他的专利使用费。

"综合所得"按"年"计算个人所得税，扣缴义务人按月或者按次预扣预缴税款；需要办理汇算清缴的，应当在取得所得的次年3月1日至6月30日内办理汇算清缴。适用3%~45%七级超额累进税率，税率表如表15-1所示（"综合所得"计算方法将在下一章详细介绍）。

表15-1　　　　　　　　个人所得税税率表一
（综合所得适用）

| 级数 | 全年应纳税所得额 | 税率（%） |
| --- | --- | --- |
| 1 | 不超过36 000元的 | 3 |
| 2 | 超过36 000元至144 000元的部分 | 10 |
| 3 | 超过144 000元至300 000元的部分 | 20 |
| 4 | 超过300 000元至420 000元的部分 | 25 |
| 5 | 超过420 000元至660 000元的部分 | 30 |
| 6 | 超过660 000元至960 000元的部分 | 35 |
| 7 | 超过960 000元的部分 | 45 |

## 2. 经营所得

"经营所得"包括：(1) 个人通过在中国境内注册登记的"个体工商户、个人独资企业、合伙企业"从事生产、经营活动取得的所得；(2) 个人依法取得执照，从事办学、医疗、咨询以及其他有偿服务活动取得的所得；(3) 个人承包、承租、转包、转租取得的所得；(4) 个人从事其他生产、经营活动取得的所得。比如，张某注册了一个个体工商户企业，该个体工商户取得的所得就是"经营所得"。

"经营所得"个税按"年"计征，以每一纳税年度的收入总额，减除成本、费用以及损失后的余额，为应纳税所得额。"经营所得"适用五级超额累进税率，税率表如表 15-2 所示。

表 15-2　　　　　　　　　个人所得税税率表二
（经营所得适用）

| 级数 | 全年应纳税所得额 | 税率（%） |
| --- | --- | --- |
| 1 | 不超过 30 000 元的 | 5 |
| 2 | 超过 30 000 元至 90 000 元的部分 | 10 |
| 3 | 超过 90 000 元至 300 000 元的部分 | 20 |
| 4 | 超过 300 000 元至 500 000 元的部分 | 30 |
| 5 | 超过 500 000 元的部分 | 35 |

【例 15-1】小张创业成立一家工作室，2019 年该工作室取得收入 100 万元，准予减除的成本、费用、损失合计为 60 万元，计算小张 2019 年应该缴纳的个税。

解析：应纳税所得额 = 100 - 60 = 40（万元）

应纳个人所得税 = 3 × 5% + 6 × 10% + 21 × 20% + (40 - 3 - 6 - 21) × 30% = 7.95（万元）

## 3. 利息、股息、红利所得

"利息、股息、红利所得"是指个人拥有债权、股权等而取得的利息、股息、红利性质的所得，税率 20%。比如，张三、李四共同成立了一个公司，各占 50% 的股份，该公司经过 1 年的经营，产生了 1 000 万元的利润，年底两人决定分红 600 万元，每人分红 300 万元，张三、李四取得的分红应该按照"利息、股息、红利所得"缴纳个税 60 万元（300×20%）。

### 4. 财产租赁所得

"财产租赁所得"是指个人"出租"不动产、土地使用权、机器设备、车船以及其他财产而取得的所得。比如，我同学家里拆迁分了 8 套房子，1 套房子自己住，其余 7 套房子出租，取得的租金收入就按照"财产租赁所得"缴纳个税。

"财产租赁所得"个税按"次"计征，以"1 个月"内取得的收入为一次，税率 20%（个人出租"住房"取得的所得暂减按"10%"的税率），扣除包括两种方式：（1）每次收入额 < 4 000 元的，应纳税所得额 = 每次收入额 - 800；（2）每次收入额 ≥ 4 000 元的，应纳税所得额 = 每次收入额 × (1 - 20%)，计算时还须扣除准予扣除的项目（包括：出租房屋时缴纳的城市维护建设税、教育费附加以及房产税、印花税等相关税费；不包括增值税），若房屋租赁期间发生"修缮费用"同样准予在税前扣除，但以"每月 800 元"为限，多出部分在"以后月份"扣除。

**【例 15 - 2】** 赵某有 A、B、C 三套住房，其中 A、B 两套用于出租，3 月共收取租金 9 600 元，其中住宅 A 租金 4 799 元，住宅 B 租金 4 801 元，同时两套住宅分别发生修缮费用，各 900 元，A、B 两套住房应缴纳个税是多少？

解析：出租 A 住房应缴纳个人所得税：[(4 799 - 0 - 800) - 800] × 10% = 319.9（元）

出租 B 住房应缴纳个人所得税：(4 801 - 0 - 800) × (1 - 20%) × 10% = 320.08（元）。

### 5. 财产转让所得

"财产转让所得"是指个人"转让"有价证券、股权、合伙企业中的财产份额、不动产、土地使用权、机器设备、车船以及其他财产取得的所得。按"次"计征，适用税率 20%，可以减除"财产原值"以及"合理费用"。应纳税额 = 应纳税所得额 × 20%。

**【例 15 - 3】** 张三、李四共同出资成立甲公司，注册资本 100 万元，张三、李四各出资 50 万元，1 年后，张三将持有的甲公司的 50% 的股份转让给王五，转让价款为 100 万元，另外发生合理费用 2 万元，请计算张三应该缴纳的个人所得税。

解析：应纳税所得额 = 100 − 50 − 2 = 48（万元）

应纳个人所得税 = 48 × 20% = 9.6（万元）

6. 偶然所得

"偶然所得"是指个人得奖、中奖、中彩以及其他偶然性质的所得。按"次"计征，适用税率 20%，以"每次收入额"为应纳税所得额，不扣减任何费用。应纳税额 = 应纳税所得额 × 20%。

【例 15 − 4】2019 年 12 月，小王在某商场举办的有奖销售活动中获得奖金 8 000 元，周某领奖时支付交通费 30 元、餐费 70 元。请计算小王应缴纳的个人所得税。

解析：应纳个人所得税 = 8 000 × 20% = 1 600（元）

个人购买彩票，一次中奖收入"在 1 万元以下的"暂免征收个人所得税；"超过 1 万元的"，全额征收个人所得税。个人取得单张有奖发票奖金所得"不超过 800 元的"，暂免征收个人所得税；"超过 800 元的"，全额征收个人所得税。

【例 15 − 5】2019 年 12 月 15 日，小李购买"大乐透"中奖，奖金 1 万元；20 日，购买"双色球"中奖，奖金 100 万元。请计算小李应该缴纳的个人所得税。

解析："大乐透"奖金 1 万元免征个人所得税；

"双色球"奖金 100 万元按照 20% 的税率缴纳个税，100 × 20% = 20（万元）。

因此，小李两次中奖共缴纳个税 20 万元。

# 第 16 章 "综合所得"个税怎么算

## 一、"综合所得"应纳税额计算

个税"综合所得"按"年"计征，适用 3%～45% 七级超额累进税率。应纳税所得额＝每年收入额－生计费－专项扣除－专项附加扣除－其他扣除。应纳税额＝应纳税所得额×适用税率－速算扣除数。

**1. 生计费**

每"年"扣除限额为"60 000 元"。可以把"生计费"理解为：一个人要在社会上生存，所必需的衣、食、住、行等支出。生存最重要，所以这部分可以扣除。

**2. 专项扣除**

个人按照规定实际缴付的"三险一金"，允许在个人应纳税所得额中扣除。比如，小张在甲公司上班，甲公司每月为小张缴纳五险一金，其中应由小王个人承担的"三险"为 500 元、"住房公积金"为 500 元。则计算小张的个税时，可以作为"专项扣除"的金额为 1 000 元（500＋500）。

**3. 专项附加扣除**

"专项附加扣除"包括六项：子女教育、继续教育、大病医疗、住房贷款利息、住房租金、赡养老人。我整理了各项扣除的要点。

（1）子女教育（扣除要点见表 16－1）。

## 第16章 "综合所得"个税怎么算

表 16-1　　　　　　　　子女教育扣除要点

| 要点 | 具体内容 | | |
|---|---|---|---|
| 子女类型 | 子女包括婚生子女、非婚生子女、继子女、养子女 | | |
| 准予扣除的子女教育类型 | [全日制]学历教育 | 学前教育 | 年满"3岁"至小学入学前教育 |
| | | 义务教育 | 小学和初中教育 |
| | | 高中阶段教育 | 普通高中、中等职业教育、技工教育 |
| | | 高等教育 | 大学专科、本科；硕士、博士研究生 |
| 扣除标准 | "每个"子女每月1 000元<br>【注意】两个娃可以扣两份 | | |
| 扣除方式 | (1) 父母"分别"按扣除标准的"50%"扣除<br>(2) 经父母"约定"，也可以由"其中一方"按扣除标准的"100%"扣除<br>【注意】具体扣除方式在"一个纳税年度内"不得变更 | | |

（2）继续教育（扣除要点见表16-2）。

表 16-2　　　　　　　　继续教育扣除要点

| 要点 | 具体内容 | | |
|---|---|---|---|
| 准予扣除的继续教育类型 | 学历[学位]教育 | 高中阶段教育 | 普通高中、中等职业教育 |
| | | 高等教育 | 大学专科、本科；硕士、博士研究生 |
| | 职业教育 | 包括技能人员职业资格继续教育、专业技术人员职业资格继续教育 | |
| 扣除标准 | 学历教育 | 每月400元<br>[【注意】同一学历（学位）继续教育的扣除期限不能超过48个月] | |
| | 职业教育 | "取得"相关证书的年度，一次性扣除3 600元 | |
| 扣除方式 | (1) [本科及以下学历（学位）教育]可以由其"父母"按照"子女教育"支出扣除<br>(2) 可以由"本人"按照"继续教育"支出扣除<br>【注意】不得同时扣除 | | |

（3）大病医疗（扣除要点见表16-3）。

表 16-3　　　　　　　　大病医疗扣除要点

| 要点 | 具体内容 |
|---|---|
| 准予扣除的大病医疗支出 | 在医保管理信息系统记录的由个人负担"超过15 000元"的医药费用支出<br>【注意】包括医保目录范围内的"自付部分" |

续表

| 要点 | 具体内容 | | |
|---|---|---|---|
| 扣除标准 | 按照每年 8 万元标准限额"据实扣除" | | |
| 扣除凭证 | 医疗服务收费相关票据原件（或复印件） | | |
| 总结 | 自付费部分不超过 15 000 元 | | 不得扣除 |
| | 自付费部分超过 15 000 元 | "超过部分"在 8 万元以内 | 据实扣除 |
| | | "超过部分"超过 8 万元 | 扣除 8 万元 |

（4）住房贷款利息（扣除要点见表 16-4）。

表 16-4　　　　　住房贷款利息扣除要点

| 要点 | 具体内容 |
|---|---|
| 准予扣除的住房贷款利息 | 纳税人本人或配偶使用商业银行或住房公积金个人住房贷款为本人或其配偶购买住房，发生的"首套住房"贷款利息支出<br>【注意】"非首套"住房贷款利息支出，不得扣除 |
| 扣除标准 | 偿还贷款期间，每月 1 000 元<br>【注意1】定额扣除，即使每年贷款利息低于 1.2 万元，也按照上述标准扣除<br>【注意2】扣除期限最长不超过 240 个月<br>【注意3】纳税人只能享受一次首套住房贷款的利息扣除 |
| 扣除方式 | 经夫妻双方约定，可以选择由"其中一方"扣除<br>【注意】具体扣除方式在一个纳税年度内不得变更 |
| 扣除凭证 | 住房贷款合同、贷款还款支出凭证 |

（5）住房租金（扣除要点见表 16-5）

表 16-5　　　　　住房租金扣除要点

| 要点 | 具体内容 |
|---|---|
| 准予扣除的住房租金 | （1）"主要工作城市"没有住房，而在主要工作城市租赁住房发生的租金支出<br>（2）夫妻双方主要工作城市"相同"的，只能由"一方"扣除住房租金支出［由签订租赁住房合同的承租人扣除］<br>【注意】纳税人及其配偶"不得同时分别享受"住房贷款利息和住房租金专项附加扣除。因此异地购房，工作城市租房的，可"选择"享受相应扣除 |
| 扣除人 | 由签订租赁住房合同的承租人扣除 |

续表

| 要点 | 具体内容 | |
|------|---------|---|
| 扣除标准 | 直辖市、省会城市、计划单列市以及国务院确定的其他城市 | 每月 1 500 元 |
| | 市辖区户籍人口超过 100 万的其他城市 | 每月 1 100 元 |
| | 市辖区户籍人口不超过 100 万（含）的其他城市 | 每月 800 元 |
| 扣除凭证 | 住房租赁合同 | |

（6）赡养老人（扣除要点见表 16-6）。

表 16-6　　　　　　　赡养老人扣除要点

| 要点 | 具体内容 | |
|------|---------|---|
| 赡养老人 | 赡养"60 岁"以上父母（包括生父母、继父母、养父母）以及其他法定赡养人<br>【注意1】其他法定赡养人是指祖父母、外祖父母的子女已经去世，实际承担对祖父母、外祖父母赡养义务的孙子女、外孙子女<br>【注意2】不看老人自身是否有生活来源，如领取退休金等 | |
| 扣除标准 | 每月 2 000 元<br>【注意1】赡养 2 个及以上老人的，"不按老人人数加倍"扣除<br>【注意2】夫妻双方可以分别扣除双方赡养老人的支出<br>【注意3】非独生子女与其兄弟姐妹"分摊"扣除额度 | |
| 分摊方式 | 平均分摊 | |
| | 赡养人约定分摊 | 每一纳税人分摊的扣除额最高不得超过每月 1 000 元，并签订书面分摊协议<br>【注意】指定分摊与约定分摊不一致的，以指定分摊为准 |
| | 被赡养人指定分摊 | |
| | 【注意】具体分摊方式在一个纳税年度内不得变更 | |

### 4. 其他扣除

其他所得主要包括企业年金、职业年金、商业健康保险、税收递延型商业养老保险。例如，购买符合规定的商业健康保险产品的支出在当年（月）计算应纳税所得额时予以税前扣除，扣除限额为 2 400 元/年（200 元/月）。

**5. 劳务报酬所得、稿酬所得、特许权使用费所得以收入减除 20% 的费用后的余额为收入额。稿酬所得的收入额减按 70% 计算。**

【例 16-1】小王是我国公民，独生子女、单身，在甲公司工作。2019 年取得收入：

（1）工资收入 100 000 元；

（2）在某培训机构授课取得收入 40 000 元；

（3）出版著作一部，取得稿酬 60 000 元；

（4）转让商标使用权，取得特许权使用费收入 20 000 元。

已知：小王个人缴纳"三险一金" 20 000 元，赡养老人支出税法规定的扣除金额为 24 000 元，假设无其他扣除项目，请计算小王本年应缴纳的个人所得税。

解析：(1) 工资薪金、劳务报酬、稿酬、特许权使用费为综合所得；劳务报酬所得、稿酬所得、特许权使用费所得以收入减除 20% 的费用后的余额为收入额。稿酬所得的收入额减按 70% 计算。

(2) 应纳税所得额 = 100 000 + 40 000 × (1 - 20%) + 60 000 × (1 - 20%) × 70% + 20 000 × (1 - 20%) - 60 000 - 20 000 - 24 000 = 77 600（元）

(3) 应纳个人所得税 = 36 000 × 3% + (77 600 - 36 000) × 10% = 1 080 + 4 160 = 5 240（元）

## 二、"综合所得"预扣预缴

### 1. 工资、薪金所得

执行"累计预扣预缴制"，适用"七级超额累进预扣率"。

本期应预扣预缴税额 =（累计预扣预缴应纳税所得额 × 预扣率 - 速算扣除数）- 累计减免税额 - 累计已预扣预缴税额

累计预扣预缴应纳税所得额 = 累计收入 - 累计免税收入 - 累计减除费用 - 累计专项扣除 - 累计专项附加扣除 - 累计依法确定的其他扣除

【例 16-2】北京甲公司职员李某，2019 年 1 月取得工资、薪金收入 20 000 元（各月相同），个人缴纳的三险一金合计为 5 000 元，李某为独生子女，父母现年66岁，育有一子现年8岁，名下无房，现租房居住，请计算李某当月应缴纳的个人所得税税额。

解析：①"生计费"扣除=5 000元

②专项扣除（三险一金）=5 000元

③专项附加扣除=1 000（子女教育）+1 500（住房租金）+2 000（赡养老人）=4 500（元）

④扣除项合计=5 000+5 000+4 500=14 500（元）

⑤应纳税所得额=20 000-14 500=5 500（元）

⑥应纳税所得额不超过36 000元，适用税率为3%

⑦应纳税额=5 500×3%=165（元）

**【例16-3】** 接例16-2，计算李某2月应缴纳的个人所得税税额。

解析：①"生计费"扣除=5 000×2=10 000（元）

②专项扣除（三险一金）=5 000×2=10 000（元）

③专项附加扣除=[1 000（子女教育）+1 500（住房租金）+2 000（赡养老人）]×2=9 000（元）

④扣除项合计=10 000+10 000+9 000=29 000（元）

⑤应纳税所得额=20 000×2-29 000=11 000（元）

⑥应纳税所得额不超过36 000元，适用税率为3%

⑦应纳税额=11 000×3%-165（1月已纳税款）=165（元）

**【例16-4】** 接例16-3，计算李某7月应缴纳的个人所得税税额。

解析：①"生计费"扣除=5 000×7=35 000（元）

②专项扣除（三险一金）=5 000×7=35 000（元）

③专项附加扣除=[1 000（子女教育）+1 500（住房租金）+2 000（赡养老人）]×7=31 500（元）

④扣除项合计=35 000+35 000+31 500=101 500（元）

⑤应纳税所得额=20 000×7-101 500=38 500（元）

⑥应纳税所得额超过36 000元至144 000元的，适用税率为10%，速算扣除数2 520

⑦应纳税额=38 500×10%-2 520-165×6=340（元）

注意：采用"累计预扣法"计算个税时，这种计算方法的特点是年度内个税扣除呈现前低后高趋势，随着累计应纳税所得额的提高，会产生"税率跳档"。如果一个纳税年度累计应纳税所得额不超过 3.6 万元，预扣率维持在 3% 一级，当累计应纳税所得额超过 3.6 万元且不超过 14.4 万元，预扣率会从 3% 跳到 10% 一级。这意味着，年初应纳税所得额较低时，适用较低级次的预扣率，随着累计额的增加，会出现跳档的可能，一个人工资越高，越早产生"税率跳档"。

### 2. 劳务报酬所得、稿酬所得、特许权使用费所得

（1）费用扣除标准。

①每次收入额≤4 000 元的：扣除 800 元。

②每次收入额＞4 000 元的：扣除收入额的 20%。

【提示】稿酬所得收入额减按 70% 计算。

（2）适用税率。

①劳务报酬所得适用 20%～40% 的三级超额累进预扣率（见表 16-7）。

表 16-7　　　　三级超额累进预扣率

| 级数 | 全"月"（或次）应纳税所得额 | 税率 | 速算扣除数 |
| --- | --- | --- | --- |
| 1 | 不超过 20 000 元的 | 20% | 0 |
| 2 | 超过 20 000 元至 50 000 元的部分 | 30% | 2 000 |
| 3 | 超过 50 000 元的部分 | 40% | 7 000 |

【例 16-5】我国居民徐某年内共取得 4 次劳务报酬，分别为 3 000 元、22 000 元、30 000 元、100 000 元。要求：计算各次应缴纳的所得税税额。

解析：第一次：3 000＜4 000　费用扣除：800　应纳税所得额：2 200

应纳税额 = 2 200×20% = 440（元）

第二次：22 000＞4 000　费用扣除：20%　应纳税所得额：17 600

应纳税额 = 17 600×20% = 3 520（元）

第三次：30 000＞4 000　费用扣除：20%　应纳税所得额：24 000

应纳税额 = 24 000×30% - 2 000 = 5 200（元）

第四次：100 000＞4 000　费用扣除：20%　应纳税所得额：80 000

应纳税额 = 80 000×40% - 7 000 = 25 000（元）

②稿酬所得、特许权使用费所得适用 20% 的比例税率。

**【例 16-6】** 2019 年 12 月我国居民张某出版一部小说，取得稿酬 10 000 元。请计算张某当月稿酬所得应缴纳个人所得税税额。

解析：①应纳税所得额 = 10 000 × (1 - 20%) × 70% = 5 600（元）

②应纳税额 = 5 600 × 20% = 1 120（元）

**【例 16-7】** 2019 年 5 月我国居民刘某转让一项专利权，取得转让收入 150 000 元，专利开发支出 10 000 元。请计算张某当月特许权使用费所得应缴纳个人所得税税额。

解析：①应纳税所得额 = 150 000 × (1 - 20%) = 120 000（元）

②应纳税额 = 120 000 × 20% = 24 000（元）

# 第17章　工资为什么要保密

周一早上醒来，我早早地来到办公室。今天是10号，是公司发放上月工资的日子，我来公司也快1个月了，我算着自己大概可以领到2 000元的实习工资。以前参加勤工俭学、兼职，每次也不过能领几百块钱。这2 000块钱可是我赚的第一笔大钱啊！领到工资后，晚上我就可以自豪地给妈妈打电话说，我领到工资了，以后可以自食其力了！

我发现今天其他部门的人员也是频繁来到财务部打听发工资的事情。负责工资发放的是张老师，她在财务部的职位是出纳，同时也是老板的亲妹妹。任凭别人怎么旁敲侧击，张老师什么都没有说。当有人过来打听别人工资是多少时，张老师就没好气地怼他们："根据公司制度，工资是保密的，无可奉告！"

我也很好奇，像李主管这样专业的人能拿多少工资呢？午饭时间，我偷偷地跟刘会计议论，刘会计说，公司所有人的工资仅有几个人知道，财务部负责工资发放的张老师肯定知道，另外负责工资账务处理、个税申报的李主管肯定也知道，因为工资的计提、发放，财务是要记账的，同时也要申报个税。

"像我的工资这么少，肯定是不用缴个税的，那李主管还需要申报我的个税吗？"我好奇道。

"申报'工资、薪金所得'的个税是全员全额申报，不管你工资发多少，单位只要给你发了工资，就要去申报个税。而申报个税时，就要填写这个人的工资收入，当然就知道工资了。"刘会计还奉劝我，"不要去议论别人的工资，别人的工资跟你没有关系，你知道后，就会比较。如果你比别人拿得多，那别人就会心理不平衡，可能给你使绊子；如果别人拿得少，你心理就会不平衡。现在的人力市场很透明，自己的工作能力什么样，在招聘网站就能查到，要想提高工资，最主要的是提高自己的工作能力。当现在老板给你的工资不满意时，那就换个老板。"

刘会计这段话让我恍然大悟。确实如此，我初入职场，还是提高自己的工作能力吧。打听别人的工资反而增加我的烦恼，我一上午都想入非非，没能静下心来。经过周末两天的学习，我知道单位在支付工资时，需要代扣个税，没想到实务中还有这么多讲究，"申报个税都要填写哪些项目？"

'工资收入''减除费用''三险一金'等，专项附加扣除是每个人自己填的，财务申报个税时直接从'金三'系统把数据导过来就行。你看最近朋友圈、公众号、头条都提醒要填写专项附加扣除信息，就是为明年的个税申报做准备的，假设小白你把专项附加扣除信息都填写了，那明年计算你的个税时，就能从金三系统里面把你填的数据导出来，就能把个税算出来了。当然像个人的敏感信息：父母信息、子女信息等这些单位是看不到的。税务局在设计时，也考虑了这些。"

"金三系统是？"

"是金税三期系统，我们申报个税用的就是金三系统。你都学会计算个税了，申报个税只是把你计算的过程填到金三系统，并不难。"

我理了一下整个工资的数据，在这个过程中，一个人工资拿多少是面试时跟公司谈好的；个税怎么算我周末已经会了；我不理解"三险一金"是怎么回事，算个税时也要用到"三险一金"，这个数据直接关系到要缴多少个税以及实际发到手里的工资。"能给我讲讲'三险一金'吗？"

"单位应该为员工缴纳社会保险，待遇稍好的企业会为员工缴纳'五险一金'，社会保险指的就是'五险'：养老保险、医疗保险、失业保险、工伤保险和生育保险；'一金'指的是住房公积金……"刘会计讲解完给我发了一个表。

"五险一金"到底缴多少呢？它是用"缴费基数"乘以"缴费比例"计算而来的，"缴费基数"是每个地区公布的，北京一般会在每年的6月、7月公布最低、最高的"缴费基数"；"五险"的"缴费比例"是各城市规定的；公积金的缴费比例各城市规定了一个范围，企业可以在这个范围内选择。

假设公司员工张三的工资是 10 000 元，社保、公积金缴费基数是 10 000 元，则他的社保、公积金费用如表 17-1 所示。

表 17-1　　　　　　　　　　社保费用计算表

| 险种 | 缴费基数 | 单位承担 | | 个人承担 | | 企业合计 | 个人合计 | 合计金额 |
| --- | --- | --- | --- | --- | --- | --- | --- | --- |
| | | 比率 | 金额 | 比率 | 金额 | | | |
| 养老保险 | 10 000 | 16% | 1 600 | 8% | 800 | 1 600.00 | 800.00 | 2 400.00 |
| 医疗保险 | 10 000 | 10% | 1 000 | 2% +3 | 203 | 1 000.00 | 203.00 | 1 203.00 |
| 失业保险 | 10 000 | 0.80% | 80 | 0.20% | 20 | 80.00 | 20.00 | 100.00 |
| 生育保险 | 10 000 | 0.80% | 80 | | | 80.00 | — | 80.00 |
| 工伤保险 | 10 000 | 0.40% | 40 | | | 40.00 | — | 40.00 |
| "五险"合计 | | | 2 800 | | 1 023 | 2 800.00 | 1 023.00 | 3 823.00 |
| 住房公积金 | 10 000 | 12% | 1 200 | 12% | 1 200 | 1 200.00 | 1 200.00 | 2 400.00 |
| "五险一金"合计 | | | 4 000 | | 2 223 | 4 000.00 | 2 223.00 | 6 223.00 |

假设张三没有专项附加扣除，每月张三要缴纳个税：（10 000 - 5 000 - 2 223）×3% = 83.31（元）。

张三实发工资：10 000 - 2 223 - 83.31 = 7 693.69（元）。

根据上述表格，计算出公司要为张三花费的成本：10 000 + 4 000 = 14 000（元）。

也就是说，虽然张三工资为 10 000 元，但是实际发到手里只有 7 693.69 元，而企业却支出了 14 000 元。难怪"社保入税"后，好多企业"叫苦不迭"，企业养一个人的成本真高。

作为从事会计工作的我来说，现在还要搞清楚工资、社保、公积金、个税的会计分录怎么写。靠我自己想是想不明白的，还是去请教刘会计吧。

"'工资''社保''公积金'这三项通常合称为'人工成本'，就是单位为了'养'一个员工所发生的成本。账务处理分为计提、扣款、发放/缴款三部分。"刘会计发给我一个文件，我以员工张三的数据为例，写出了全部的会计分录。

### 1. 计提

计提的目的是把人工成本记入成本费用中，因为这是企业经营过程中的成本费用，销售人员的工资就要记入"销售费用"，管理人员的工资记入"管理费用"，生产工人的工资记入"生产成本"……

计提"五险一金"时，只计提单位承担的部分，这属于企业经营过程中发生的费用，使用的会计科目跟计提工资时的相同；个人承担的"三险一金"不用计提，因为这是需要个人承担的，发放工资时，应该从其工资中扣除。

（1）计提工资：

借：管理费用/销售费用/生产成本等　　　　　　　　10 000

　　贷：应付职工薪酬——工资　　　　　　　　　　　10 000

（2）计提单位承担的社保：

借：管理费用/销售费用/生产成本等　　　　　　　　2 800

　　贷：应付职工薪酬——社保　　　　　　　　　　　2 800

（3）计提单位承担的公积金：

借：管理费用/销售费用/生产成本等　　　　　　　　1 200

　　贷：应付职工薪酬——公积金　　　　　　　　　　1 200

## 2. 工资扣款

工资扣款是把工资中应该由个人承担的"三险一金""个人所得税"扣除。

借：应付职工薪酬——工资　　　　　　　　　　　　2 306.31

　　贷：其他应收款——个人"三险一金"　　　　　　2 223

　　　　应交税费——应交个人所得税　　　　　　　　83.31

## 3. 发放/缴款

（1）发放工资：

借：应付职工薪酬——工资　　　　　　　　　　　　7 693.69

　　贷：银行存款　　　　　　　　　　　　　　　　　7 693.69

（2）社保缴费：

借：应付职工薪酬——社保　　　　　　　　　　　　2 800

　　其他应收款——个人"三险一金"　　　　　　　　1 023

　　贷：银行存款　　　　　　　　　　　　　　　　　3 823

（3）公积金缴款：

借：应付职工薪酬——公积金　　　　　　　　　　　1 200

　　其他应收款——个人"三险一金"　　　　　　　　1 200

　　贷：银行存款　　　　　　　　　　　　　　　　　2 400

（4）缴纳个税：

借：应交税费——应交个人所得税　　　　　　　　　83.31

　　贷：银行存款　　　　　　　　　　　　　　　　　83.31

我根据会计分录，使用T型账户画出了整个账务处理的过程（见图17-1）。

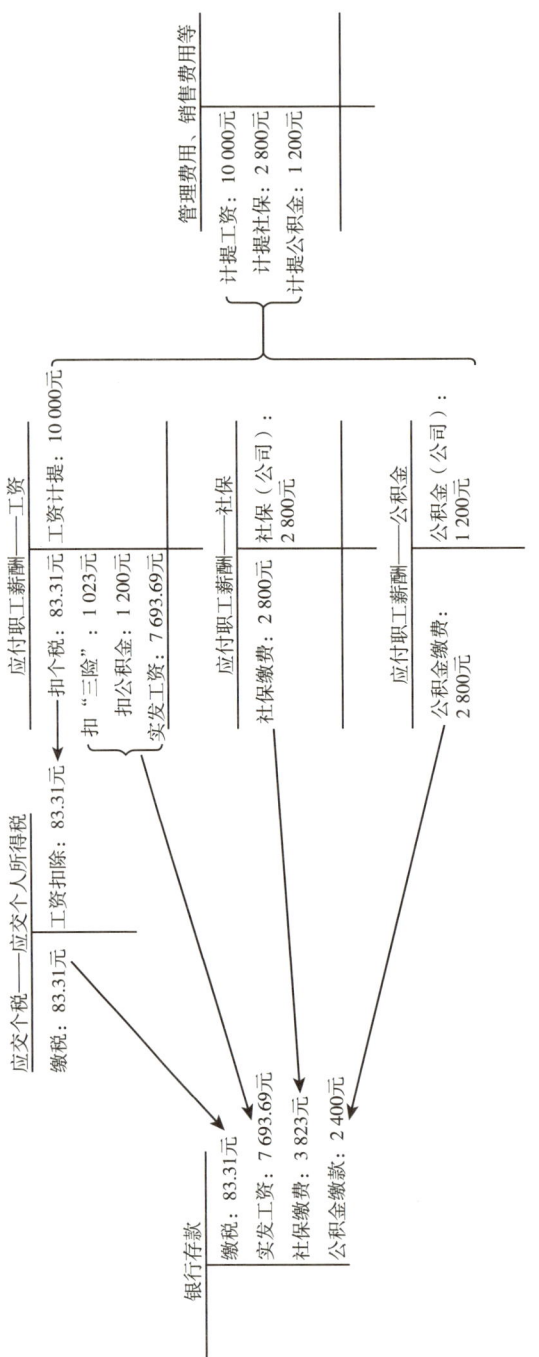

图17-1 工资处理的账务流程

在经过计提、工资扣款、发放/缴款后,"应付职工薪酬——工资""应付职工薪酬——社保""应付职工薪酬——公积金""应交税费——应交个人税"的余额均应该为零。

我翻出以前月份的记账凭证,看看工资、社保、公积金、个税是怎么记的。同时我心理还抱有一分侥幸:看看全公司人员的工资。我的会计分录跟李主管做的是相同的。公司好几十号人,凭证的附件是工资汇总表,工资中的各个项目是按照部门汇总的,合计金额跟银行回单是一致的。公司的保密工作做得很好啊,即使拿到会计凭证也看不到每个人的工资。

# 第18章 "成本"or"费用",这是一个问题

经过几天的努力,我掌握了人工成本的会计处理,但同时我又有了新的问题:为什么在计提工资、社保、公积金时,还要按照受益对象记入成本费用科目?成本与费用有什么不同?

而且我发现不仅是人工成本,比如,6月份记-26号凭证,即企业发生的电费有20%记入管理费用、80%记入制造费用。

记账凭证如图18-1所示。

**记账凭证**

2019年6月25日　　　　　　　　　　　　　　　记字第26号

| 摘要 | 会计科目 | 借方 | 贷方 |
|---|---|---|---|
| 支付本月电费 | 制造费用 | 2 800.00 | |
| | 管理费用——水电费 | 700.00 | |
| | 应交税费——应交增值税——进项税额 | 455.00 | |
| | 库存现金 | | 3 955.00 |
| | | | |
| | | | |
| 合计:人民币大写:叁仟玖佰伍拾伍元整 | | 3 955.00 | 3 955.00 |

会计主管:　　　　记账:　　　　审核:王芬　　　　制单:张颖

附单据2张

图18-1　记-26号记账凭证

记账凭证后附两张原始单据:一张是电费的增值税专用发票(见图18-2),还有一张是电费分摊表(见表18-1),分摊表上有相关人员签字。

# 第18章 "成本" or "费用",这是一个问题

图 18-2 增值税专用发票

表 18-1　　　　　　　　　　　电费分摊表

| 部门 | 电费金额 | 分摊比例 | 分摊费用 |
|---|---|---|---|
| 行政 | 3 500.00 | 20% | 700.00 |
| 生产 | | 80% | 2 800.00 |
| 合计 | | 100% | 3 500.00 |

总经理:郑胜利　　　会计:王芬　　　车间:刘明　　　制表人:张颖

在这张凭证中,贷方"库存现金"3 955元,很容易理解,因为用现金交了电费,现金减少;借方"应交税费——应交增值税(进项税额)"也容易理解,因为公司是一般纳税人,发生的电费取得了增值税专用发票,进项税额可以抵扣。无法理解的就是:行政部分摊的电费记入"管理费用",而生产车间分摊的电费记入"制造费用"。

"自己动手,丰衣足食。"我在网上查"管理费用"与"制造费用"的区别。

管理费用,是指企业为组织和管理生产经营活动而发生的各种费用。制造费用,是指企业为生产产品和提供劳务而发生的各项间接费用。

"小白,你准备一下,下午跟我去仓库盘点。"是王会计在给我安排工作。

"哦,什么是盘点啊?需要我准备什么啊?"

"存货盘盈、盘亏的会计分录，知道吧？"

我找来一张白纸，写出了相应的会计分录。

（1）存货盘盈：

借：原材料

　　贷：待处理财产损溢

（2）经领导批准后，冲减当期管理费用：

借：待处理财产损溢

　　贷：管理费用

（3）存货盘亏：

借：待处理财产损溢

　　贷：原材料

（4）对于盘亏的存货应根据造成盘亏的原因，分情况进行处理：

①定额内损耗及日常收发计量上的差错：

借：管理费用

　　贷：待处理财产损溢

②应由过失人赔偿的损失：

借：其他应收款

　　贷：待处理财产损溢

③自然灾害等不可抗拒的原因：

借：营业外支出

　　贷：待处理财产损溢

这里面又有很多"管理费用"，真是头疼，我开始怀疑自己学的会计分录到底对不对。

"不错，都写对了。"只听王会计说，"你这愁眉苦脸的在想什么？"

"我不明白'管理费用'是怎么回事？6月的这张凭证为什么20%记入了'管理费用'，而80%要记入'制造费用'，'制造费用'又是做什么用的？"我把我的疑惑全都说了出来。

"你这是没有理解'费用'这个会计要素。"王会计边说，边在纸上画了一张图（见图18-3），"'费用'是企业的支出，它按照用途不同，又分为'生产成本'和'期间费用'，前者要记入产品成本，后者不记入产品成本而直接记入当期损益。"

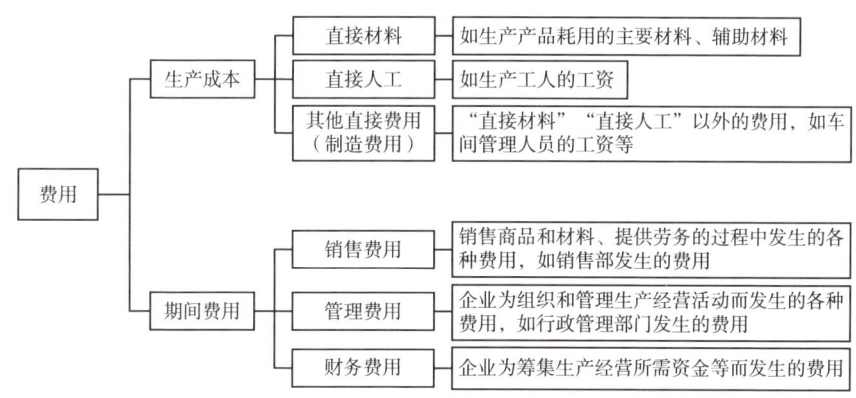

图 18-3　费用思维导图

"按照用途分为两大类?"

"就拿咱们公司为例吧,公司采购进来皮革、布料生产出皮包然后销售,咱们公司的费用就分成了两大类,一类是生产皮包所发生的费用,一类是办公发生的费用。生产皮包发生的费用是要记到皮包的成本中的。比如,咱们公司生产的皮包卖多少钱合适?那假设皮包生产成本100元/个,再加上合理的利润就可以给皮包定一个售价,'生产成本'是可以直接归属到产品中的,它的确认要跟收入配比,卖多少包,就把多少包对应的成本记入损益中,没有卖掉的包属于企业的资产。而'期间费用'不能直接归属到产品中。比如,咱们办公室的房租,只要租下了这个办公室就会产生费用,但是它跟公司生产的皮包没有直接关系,所以发生时直接记到了损益中,从公司每月的利润中减掉。"

"我好像明白了,先把费用按照这个标准分为两大类,然后每一个大类又包括不同的科目。"

"对,学习就是先把大的思路框架掌握,然后再去添枝加叶,不要上来就纠结细枝末节。所以理解成本费用要先把两个大类搞清楚。"王会计接着说,"'生产成本'又包括三类。直接材料,比如,咱们公司生产皮包所用到的皮革、布料、拉链,都属于直接材料;直接人工,也就是工人的工资,只有材料、没有工人也无法生产出产品啊;生产这个包除了材料、工人工资外的其他花费,就记入'制造费用','制造费用'月底要分配到各个产品中。咱们公司生产的单肩包、双肩包、钱包,领用材料时就知道是哪个产品使用的;

但是生产所有产品还要使用电，发生时先把电费记入'制造费用'，到了月底再分配到单肩包、双肩包、钱包中。"

"怎么分配？"

"这就是成本核算的问题，以后再说。"王会计说，"'期间费用'又分为三类：为销售产品发生的费用叫'销售费用'，为组织和管理发生的是'管理费用'，为'筹资'发生的费用是'财务费用'。你说咱们财务部发生的费用记入哪个科目？"

"财务部发生的费用，记入'财务费用'吧。"从字面上看，"财务部""财务费用"都带有"财务"两个字。

王会计扑哧笑了，"'财务部'虽然有'财务'两个字，但是财务部在企业中属于管理部门，因此，'财务部'发生的费用属于企业为组织和管理发生的费用，记入'管理费用'。"王会计接着说，"这三项费用可以通过排除法来理解，企业筹资发生的费用，如从银行贷款发生的利息、手续费，这就是'财务费用'；销售部为了销售皮包发生的费用，如广告费、销售人员工资等，就是'销售费用'；其他的期间费用不好排除的就记入'管理费用'。"

王会计讲解完成本费用，还安排我打印一些资料，说是下午盘点的时候用。她给我讲解的内容，我还要结合公司的业务进一步理解消化。时间很快就到11：00了，我打算点份外卖，顺便也问下其他同事是否叫外卖，这样可以节省配送费。李主管带了海底捞自助火锅，所以不要外卖了。王会计点了一份黄焖鸡米饭，我点了一份排骨米饭，其他人自己出去吃。

中午，我们三人一起在办公室吃饭。我突然想到，可以把三项期间费用看成3道菜，"销售费用"和"财务费用"是黄焖鸡米饭或排骨米饭，总之它们的食材、做法基本是确定的；而"管理费用"是火锅，因为不管什么肉、菜都可以往火锅里面放，它的食材是不确定的。李主管、王会计点头称是，对我的想象力赞叹不已。

# 第 19 章　从"扇贝跑了"看存货盘点

中午吃完饭，我在网上查了一些关于存货盘点的问题。不到13：00，王会计就叫我带上准备好的资料往仓库赶，仓库离办公室不远，走路20分钟的样子。我这还是第一次去仓库哪。

"为什么要做存货盘点？"

"财产清查是财务工作之一，今天的存货盘点工作，车间、仓库作为主要盘点部门，我们是监盘，把数据记好就行了。因为要年底结账，不止盘点存货，固定资产也应该盘点。通过盘点，保证账实相符，进而确定财务报表上的金额是正确的。另外，盘点也是公司内部控制的一个程序，可以防止贪污、腐败。"

"最近有条新闻，'獐子岛'的扇贝又跑了，扇贝属于'獐子岛'的存货，损失了这么多存货，公司利润要减少很多。我今天第一次去盘点，有点紧张。"

"不用怕，咱们公司的存货盘点并不复杂，存货就是各种包、皮革、布料、拉链，都是静止的，不会动，清数就是了。有的公司存货是牛、扇贝、鱼、虾，都会跑，盘点起来更费劲。比如，'獐子岛'的扇贝，即使事务所去审计，现场盘点，也不好确定真实的存货价值。'看山难数树，看池难点鱼。'"

"牛盘点起来容易吧，毕竟在陆地上？那盘点扇贝还要下海吗？估计只有龙王才知道真实的数量吧。"

"我以前在事务所工作时，去养牛场审计，盘点过牛，那叫一个心酸，在养牛场待一天，闻着那股气味，而且衣服上被溅了很多牛屎牛尿。盘点完后，好几天不想吃饭。"

"怎么盘啊？讲讲盘点的过程呗。"

"牛，根据年龄分为牛犊、青年牛，乳牛。牛犊好数，它们行动比较慢，一遍就能数对;挤奶场的牛也好数,一头牛在一个挤奶台上,挤奶台的总数量确定了,空的挤奶台数量确定了,有多少头牛就确定了;最难盘点的是在外放风的牛,它们身强体壮,跑得也快,不好数,有时牛群过于高大,近处的牛挡住了远处的牛,就需要数很多遍。盘点的时候还要注意安全,不要离牛群太近,牛爱尥蹶子,容易被踢伤……"

原来存货盘点还有这么多门道啊,我真是捏把汗。

"不用紧张,咱们的存货盘点容易,分成两个组,每组3个人,你我各在一个组,我们的工作是监盘计数,另外两个人负责清点。他们清点时,你也看着点,清点得对不对,再就是有没有损坏。"

"我监盘计数,这数该怎么记呢?"

"我让你带的资料呢?"

那些资料我早就看过了,全是空白的"存货盘点表"(见表19-1),既然我们的工作是监盘计数,那这表就是王会计和我来填了。

表 19-1　　　　　　　　　存货盘点表

盘点日期:2019年12月　日

| 序号 | 品名 | 规格 | 单位 | 数量 | 单价 | 金额 | 备注 |
| --- | --- | --- | --- | --- | --- | --- | --- |
| 1 | | | | | | | |
| 2 | | | | | | | |
| 3 | | | | | | | |
| 4 | | | | | | | |
| 5 | | | | | | | |
| 6 | | | | | | | |
| 7 | | | | | | | |
| 8 | | | | | | | |
| 9 | | | | | | | |

盘点人员:　　　　　　　　　　　　　　　　　　　　监盘人员:

"今天下午咱们就把这个表填完,很快的。比如他们清点单肩包,规格是'N1',假设数量500个,再确认这些数没问题,你填上就行了。注意,全部盘点完毕后,让另外两个人员在表格的'盘点人员'处签字,你在'监盘人员'处签字。"填写如表19-2所示。

表 19 – 2　　　　　　　　　　　　存货盘点表

盘点日期：2019 年 12 月　日

| 序号 | 品名 | 规格 | 单位 | 数量 | 单价 | 金额 | 备注 |
|---|---|---|---|---|---|---|---|
| 1 | 单肩包 | N1 | 个 | 500 | | | |
| 2 | | | | | | | |
| 3 | | | | | | | |
| 4 | | | | | | | |
| 5 | | | | | | | |
| 6 | | | | | | | |
| 7 | | | | | | | |
| 8 | | | | | | | |
| 9 | | | | | | | |

盘点人员：　　　　　　　　　　　　　　　　　　　　　　监盘人员：

"可是我并不认识存货啊，不知道存货名称啊。"

"小组里面有一个库管人员，她知道，你填表的时候也让另外两个人看看填得是否正确。我让你打印的盘点表比较多，你完全可以找出几张当草稿纸用。"

到仓库后，很快车间主任将盘点工作分派完毕，我所在的小组盘点库存商品，王会计那组盘点原材料、在产品等。

我在的盘点小组中，一个人是仓库大姐，另一个是车间工人，两人工作挺麻利的。盘点非常顺利，不到 3 小时，我们这组就盘完了。

我们回到仓库喝水、休息，过了大概半小时，王会计那组才回来。

王会计喝了一杯水说："接下来我们将盘点结果与账面数据核对一下。"

我想核对的目的就是看看是否账实相符吧。我和王会计经过一番仔细比对，最终确定盘亏 20 米皮革，80 元/米，盘亏金额是 1 600 元，皮革被老鼠咬坏不能用了。我们把差异原因记录清楚，请领导批示怎么处理。然后，我们把盘点表带回了办公室。

"小白，盘亏 1 600 元原材料的分录怎么写？"

"借：待处理财产损溢　　　　　　　　　　1 600

　　贷：原材料　　　　　　　　　　　　　　　　1 600"

"不对。"

我看王会计写的会计分录是：

借：待处理财产损溢　　　　　　　　　　　　　　　1 808
　　贷：原材料　　　　　　　　　　　　　　　　　　1 600
　　　　应交税费——应交增值税（进项税额转出）　　 208

她解释说原材料被老鼠咬坏属于企业"管理不善"导致，因此进项税额就不能抵扣了，而我们公司是一般纳税人，购进皮革时取得了13%专用发票，进项税额已经抵扣，所以现在做进项税额转出时，直接使用原材料的成本乘以13%计算出来。我回顾了一下采购原材料的账务处理，假设采购原材料金额100元，抵扣进项税的会计分录为：借：原材料100、应交税费——应交增值税（进项税额）13；贷：应付账款113。购进时按照原材料成本乘以13%的税率进行抵扣，因此，转出时也应该这么计算。

"进项税额抵扣可以减少缴纳的增值税，那把进项税额转出后，我们计算增值税的时候就要多缴税了？"

"当然，比如销项2 000元，进项1 000元，那缴增值税1 000元，但是因为进项转出了208元，所以就要缴增值税1 208元了。"

"我记得存货的盘点方法有'永续盘存制'和'实地盘存制'，咱们公司是哪种方法？"

"咱们是'永续盘存制'，因为老板要把企业融资做大，各方面都挺正规的。"

"'实地盘存制'不正规？"

"'永续盘存制'对存货发出要求比较严格，平时逐笔或逐日登记存货的收发数，并随时结算其账面结存数。这种方法的好处就是有利于企业管理，防止贪污、浪费的产生。"王会计接着说，"'实地盘存制'工作简化了，省事了，但是贪污、浪费比较多。"

"为什么？"

"存货发出后到哪里？"

"到成本费用中去。"存货属于资产，而成本费用是资产的消耗。

"当采用'实地盘存制'时，仅记录期末盘点的金额，当期发出的存货＝期初存货＋本期购入存货－期末存货，假设有人从仓库拿了一部分回家，那期末的存货就少了，发出去的存货就多了，也就意味着记录到成本费用中的存货多了，但实际上这种存货管理方式掩盖了贪污、浪费的情况。"

"在'永续盘存制'下，每一笔领用都记录，所以账面上会有一个期末存货，然后再结合盘点查看是否账实相符，不符就查明原因，于是贪污、腐败就无所遁形了。"我想起之前看过的一条新闻，一个仓库管理员监守自盗，盗来10万元文具在老家开小店销赃，如果使用"永续盘存制"，这种监守自盗的情况很快就会被发现，但是在"实地盘存制"下可能就被掩盖了。

"对，所以大部分企业对存货管理采用'永续盘存制'，'实地盘存制'只适用于一些价值低或者数量不稳定损耗大的鲜活商品。快下班了，收拾一下走吧，明天下午咱们盘点固定资产。"

下班后，我和王会计逛了会儿街就回学校了。回去后，我把今天的学习收获都记录了下来。

# 第20章 感悟成本核算

晚上回去后,我一直在思考一个问题:公司购进的皮革(原材料)最终加工成了皮包(库存商品),皮包销售之后就到了利润表(主营业务成本)中,那皮包的成本又是怎么算出来的呢?我一晚上都被这个问题困扰着,就这样迷迷糊糊睡着了。

第二天照例早起来到办公室,我翻出6月的凭证,看看成本是如何计算的。6月涉及成本核算的凭证有6张,我根本就看不懂。6月记-34号凭证,确认本月车间领用主料。

王会计是怎么做的呢?真是"说曹操,曹操到"啊。王会计到公司了。

"王姐,你能给我讲讲成本核算吗?我昨天晚上一直在想,咱们公司的皮革加工成皮包,皮包的成本是怎么算出来的?我翻看你6月做的凭证,一点都看不懂。"

"学习成本核算,首先你需要知道核算的流程,这是思路框架,然后再具体计算。咱们公司的成本核算还是比较简单的,因为生产工艺不复杂。"王会计边说边在纸上画了一张图(见图20-1)。

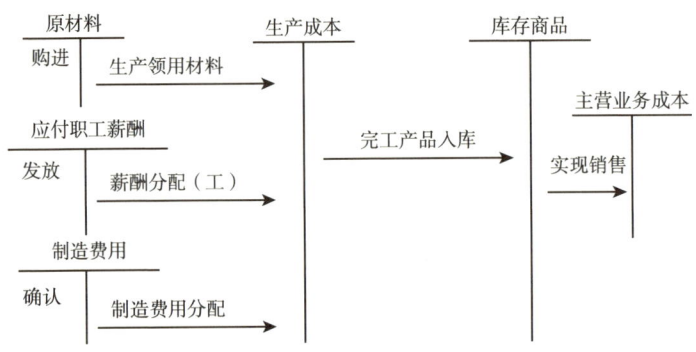

图20-1 成本核算流程示意图

这是成本核算的流程图，企业成本核算的过程从会计科目的角度来讲：企业生产过程中，需要领用原材料、分配工人工资、分配制造费用，都记入"生产成本"；产品完工入库后，就从"生产成本"的贷方转入"库存商品"借方；企业实现销售以后，就结转"主营业务成本"，减少"库存商品"。

"这是成本核算的基本流程图，必须记牢，接下来就是每个环节的数据计算了。"王会计把 6 月的凭证翻出来，"原材料、应付职工薪酬、制造费用会计处理，你还有问题吗？"

我在纸上写出了这些会计分录：

（1）购进原材料：

借：原材料

　　应交税费——应交增值税（进项税额）

　贷：应付账款/银行存款

（2）发放工资：

借：应付职工薪酬——工资

　贷：银行存款

　　　应交税费——应交个人所得税

　　　其他应收款——个人社保、公积金

（3）计提工资：

借：销售费用/管理费用/生产成本

　贷：应付职工薪酬——工资

（4）确认制造费用：

借：制造费用

　贷：银行存款/库存现金

"全部写对了，这是成本核算的起点，接下来我们看'生产成本'归集，咱们公司按照产品进行成本归集。产品成本包括三部分：职工薪酬这部分在计提人工成本的时候已经有了；第二部分原材料，这里就需要知道企业发出存货的计价方法，咱们公司用的是'月末一次加权平均法'，你知道怎么算吗？"

在这种方法下，首先算出"存货的单位成本"，然后根据领用数量计算出"发出存货的成本"，最后算出"期末结存存货的成本"。我把"月末一次加权平均法"计算存货成本的公式写了出来：

存货的单位成本 =（月初库存存货成本 + 本月购入存货成本）
　　　　　　　÷（月初库存存货数量 + 本月购入存货数量）
当月发出存货成本 = 当月发出存货的数量 × 存货单位成本
当月月末库存存货成本 = 月初库存存货成本 + 本月购入存货成本
　　　　　　　　　－ 当月发出存货成本

"当生产领用原材料时，就要根据这种方法将领用的材料记入'生产成本'中。"王会计边说边翻出了一张凭证，是 6 月记 - 34 号凭证（见图 20 - 2）。

**记账凭证**

2019 年 6 月 29 日　　　　　　　　　　记字第 34 号

| 摘要 | 会计科目 | 借方 | 贷方 | |
|---|---|---|---|---|
| 生产领用主料 | 生产成本——直接材料——女士单肩包 | 67 388.00 | | 附单据2张 |
| | 生产成本——直接材料——女士双肩包 | 54 187.50 | | |
| | 生产成本——直接材料——女士钱包 | 18 062.50 | | |
| | 原材料——主料——涤纶丝光里布（褐色不带花纹） | | 2 548.00 | |
| | 原材料——主料——涤纶丝光里布（褐色带花纹） | | 4 350.00 | |
| | 原材料——主料——头层牛皮 | | 64 840.00 | |
| | 原材料——主料——二层牛皮 | | 67 900.00 | |
| 合计：人民币大写：壹拾叁万玖仟陆佰叁拾捌元整 | | 139 638.00 | 139 638.00 | |

会计主管：　　　　　记账：　　　　　审核：王芬　　　　　制单：张颖

图 20 - 2　记 - 34 号凭证

后面的原始凭证有多张（见表 20 - 1、表 20 - 2、表 20 - 3、表 20 - 4）。

表 20 - 1　　　　　　　　　原材料领用汇总表

| 材料名称 | 申领数量 | 实发数量 | 单位成本 | 总成本 |
|---|---|---|---|---|
| 涤纶丝光里布（褐色不带花纹） | 130 | 130 | 19.6 | 2 548.00 |
| 涤纶丝光里布（褐色带花纹） | 200 | 200 | 21.75 | 4 350.00 |
| 头层牛皮 | 800 | 800 | 81.05 | 64 840.00 |
| 二层牛皮 | 2 000 | 2 000 | 33.95 | 67 900.00 |
| 合计 | — | — | — | 139 638.00 |

总经理：郑胜利　　　　会计：王芬　　　　车间：刘明　　　　仓库：秦琳

## 表 20-2　主料单价计算表

| 材料名称 | 期初 | | | 本期购进 | | | 单价 |
|---|---|---|---|---|---|---|---|
| | 数量 | 单价 | 金额 | 数量 | 单价 | 金额 | |
| 涤纶丝光里布（褐色不带花纹） | 50 | 18 | 900 | 200 | 20 | 4 000 | 19.60 |
| 涤纶丝光里布（褐色带花纹） | 100 | 21 | 2 100 | 300 | 22 | 6 600 | 21.75 |
| 头层牛皮 | 400 | 85 | 34 000 | 1 500 | 80 | 120 000 | 81.05 |
| 二层牛皮 | 800 | 30 | 24 000 | 3 000 | 35 | 105 000 | 33.95 |

## 表 20-3　主料进销存数据

| 材料名称 | 期初 | | 本期购进 | | 单价 | 发出 | | 期末结存 | |
|---|---|---|---|---|---|---|---|---|---|
| | 数量 | 金额 | 数量 | 金额 | | 数量 | 金额 | 数量 | 金额 |
| 涤纶丝光里布（褐色不带花纹） | 50 | 900 | 200 | 4 000 | 19.60 | 130 | 2 548 | 120 | 2 352 |
| 涤纶丝光里布（褐色带花纹） | 100 | 2 100 | 300 | 6 600 | 21.75 | 200 | 4 350 | 200 | 4 350 |
| 头层牛皮 | 400 | 34 000 | 1 500 | 120 000 | 81.05 | 800 | 64 840 | 1 100 | 89 160 |
| 二层牛皮 | 800 | 24 000 | 3 000 | 105 000 | 33.95 | 2 000 | 67 900 | 1 800 | 61 100 |

## 表 20-4　产品主料领用汇总表

| 产品名称 | 涤纶丝光里布（褐色不带花纹） | | | 涤纶丝光里布（褐色带花纹） | | | 头层牛皮 | | | 二层牛皮 | | | 合计 |
|---|---|---|---|---|---|---|---|---|---|---|---|---|---|
| | 数量 | 单价 | 成本 | 数量 | 单价 | 成本 | 数量 | 单价 | 成本 | 数量 | 单价 | 成本 | |
| 单肩包 | 130 | 19.6 | 2 548.00 | — | — | — | 800 | 81.05 | 64 840.00 | — | — | — | 67 388.00 |
| 双肩包 | — | — | — | 150 | 21.75 | 3 262.50 | — | — | — | 1 500 | 33.95 | 50 925.00 | 54 187.50 |
| 钱包 | — | — | — | 50 | 21.75 | 1 087.50 | — | — | — | 500 | 33.95 | 16 975.00 | 18 062.50 |
| 合计 | | | 2 548.00 | | | 4 350.00 | | | 64 840.00 | | | 67 900.00 | 139 638.00 |

总经理：郑胜利　　　　会计：王芬　　　　车间：刘明　　　　仓库：秦琳

"车间生产领用原材料时，车间填写'领料单'，仓库填写'出库单'，每个月我们需要将这些单据做一个汇总，只是汇总领用数量，单价要根据'月末一次加权平均法'计算。我们就以'头层牛皮'为例吧，发出数量以'实发数量'为准，你看看它的成本怎么计算的？"

我看"主料单价计算表"有这个计算过程，期初成本是 34 000 元，数量 400；本期购进成本是 120 000 元，数量 1 500。因此，单价是 81.05 元〔(34 000 + 120 000)/(400 + 1 500)〕。"主料进销存数据"中，发出"头层牛皮"的金额为 64 840 元（800 × 81.05），因此期末结存"头层牛皮"的金额为 89 160 元

（34 000 + 120 000 - 64 840）。

"计算出发出'头层牛皮'的成本后，就需要根据车间的'产品主料领用汇总表'汇总出'头层牛皮'是用于生产什么产品了，把每一种产品耗用的每一种原材料的数据计算出来。"

把每一种主料的发出成本计算出来后，根据"产品主料领用汇总表"，就可以算出每一种产品所耗用的主料的成本，从而可以把领用主料的记账凭证做出来。

"成本核算的依据是企业的生产过程，生产皮包除了用到这些主料，还有辅料，接下来记-35号凭证是产品领用辅料的。"记账凭证见图20-3。

### 记账凭证

2019年6月29日　　　　　　　　　　记字第35号

| 摘要 | 会计科目 | 借方 | 贷方 |
|---|---|---|---|
| 生产领用辅料 | 生产成本——直接材料——女士单肩包 | 15 704.00 | |
| | 生产成本——直接材料——女士双肩包 | 4 164.00 | |
| | 生产成本——直接材料——女士钱包 | 500.00 | |
| | 原材料——辅料——拉链（60cm） | | 2 964.00 |
| | 原材料——辅料——拉链（30cm） | | 7 704.00 |
| | 原材料——辅料——拉链（20cm） | | 6 400.00 |
| | 原材料——辅料——拉链（10cm） | | 3 300.00 |
| 合计：人民币大写：贰万零叁佰陆拾捌元整 | | 20 368.00 | 20 368.00 |

会计主管：　　　　记账：　　　　审核：王芬　　　　制单：张颖

附单据2张

**图20-3　记-35号凭证**

后附的原始凭证为"辅料单价计算表"（见表20-5）、"原材料领用汇总表"（见表20-6）、"辅料期末结存表"（见表20-7）、"产品辅料领用汇总表"（见表20-8）。

**表20-5　　　　　　　　　　辅料单价计算表**

| 材料名称 | 期初 | | | 本期购进 | | | 单价 |
|---|---|---|---|---|---|---|---|
| | 数量 | 单价 | 金额 | 数量 | 单价 | 金额 | |
| 拉链（60cm） | 500 | 4.8 | 2 440 | 500 | 5 | 2 500 | 4.94 |
| 拉链（30cm） | 600 | 9 | 5 400 | 1 000 | 10 | 10 000 | 9.63 |
| 拉链（20cm） | 500 | 8 | 4 000 | 1 500 | 8 | 12 000 | 8.00 |
| 拉链（10cm） | 1 000 | 1 | 1 000 | 3 000 | 1 | 3 000 | 1.00 |

## 第 20 章 感悟成本核算

表 20 - 6　　　　　　　　　原材料领用汇总表

| 材料名称 | 申领数量 | 实发数量 | 单位成本 | 总成本 |
|---|---|---|---|---|
| 拉链（30cm） | 800 | 800 | 9.63 | 7 704.00 |
| 拉链（20cm） | 800 | 800 | 8 | 6 400.00 |
| 拉链（10cm） | 3 300 | 3 300 | 1 | 3 300.00 |
| 拉链（60cm） | 600 | 600 | 4.94 | 2 964.00 |
| 合计 | — | — | — | 20 368.00 |

总经理：郑胜利　　　　会计：王芬　　　　车间：刘明　　　　仓库：秦琳

表 20 - 7　　　　　　　　　辅料期末结存表

| 材料名称 | 期初 | | 本期购进 | | 单价 | 发出 | | 期末结存 | |
|---|---|---|---|---|---|---|---|---|---|
| | 数量 | 金额 | 数量 | 金额 | | 数量 | 金额 | 数量 | 金额 |
| 拉链（60cm） | 500 | 2 440 | 500 | 2 500 | 4.90 | 800 | 3 900 | 200 | 980 |
| 拉链（30cm） | 600 | 5 400 | 1 000 | 10 000 | 9.63 | 800 | 7 704 | 800 | 7 696 |
| 拉链（20cm） | 500 | 4 000 | 1 500 | 12 000 | 8.00 | 800 | 6 400 | 1 200 | 9 600 |
| 拉链（10cm） | 1 000 | 1 000 | 3 000 | 3 000 | 1.00 | 3 300 | 3 300 | 700 | 700 |

表 20 - 8　　　　　　　　　产品辅料领用汇总表

| 产品名称 | 拉链（30cm） | | | 拉链（20cm） | | | 拉链（10cm） | | | 拉链（60cm） | | | 合计 |
|---|---|---|---|---|---|---|---|---|---|---|---|---|---|
| | 数量 | 单价 | 成本 | 数量 | 单价 | 成本 | 数量 | 单价 | 成本 | 数量 | 单价 | 成本 | |
| 单肩包 | 800 | 9.63 | 7 704.00 | 800 | 8 | 6 400 | 1 600 | 1 | 1 600.00 | — | — | — | 15 704.00 |
| 双肩包 | — | — | — | — | — | — | 1 200 | 1 | 1 200.00 | 600 | 4.94 | 2 964.00 | 4 164.00 |
| 钱包 | — | — | — | — | — | — | 500 | 1 | 500.00 | — | — | — | 500.00 |
| 合计 | | | 7 704.00 | | | — | | | 3 300.00 | | | 2 964.00 | 20 368.00 |

总经理：郑胜利　　　　会计：王芬　　　　车间：刘明　　　　仓库：秦琳

我拿出计算器验证了一遍，发现辅料的成本归集过程跟主料是相同的。

"生产产品除了领用主料、辅料外，还有包装物，根据'领料表''出库单'计算出来。"

我看到包装物的成本归集是记 - 36 号凭证（见图 20 - 4）。

后附的原始凭证为"周转材料领用汇总表"（见表 20 - 9）。

"把原材料都归集完毕之后，接下来就是把制造费用分配到各产品成本中，咱们公司用的是比例法。"王会计把记 - 37 号凭证（见图 20 - 5）翻出来。

## 记账凭证

2019 年 6 月 29 日　　　　　　　　　　　　　　　记字第 36 号

| 摘要 | 会计科目 | 借方 | 贷方 |
|---|---|---|---|
| 生产领用包装物 | 生产成本——直接材料——女士单肩包 | 560.00 | |
| | 生产成本——直接材料——女士双肩包 | 550.00 | |
| | 生产成本——直接材料——女士钱包 | 300.00 | |
| | 周转材料——纸箱 | | 1 000.00 |
| | 周转材料——手提袋 | | 410.00 |
| | | | |
| | | | |
| 合计：人民币大写：壹仟肆佰壹拾元整 | | 1 410.00 | 1 410.00 |

会计主管：　　　　　记账：　　　　　审核：王芬　　　　　制单：张颖

附单据 1 张

**图 20 - 4　记 - 36 号记账凭证**

**表 20 - 9　　　　　　　　　　周转材料领用汇总表**

| 产品名称 | 纸箱 | | | 手提袋 | | | 单价 |
|---|---|---|---|---|---|---|---|
| | 数量 | 单价 | 成本 | 数量 | 单价 | 成本 | |
| 单肩包 | — | — | 400.00 | — | — | 160 | 560.00 |
| 双肩包 | — | — | 400.00 | — | — | 150.00 | 550.00 |
| 钱包 | — | — | 200.00 | — | — | 100.00 | 300.00 |
| 合计 | | | 1 000.00 | | | 250.00 | 1 410.00 |

总经理：郑胜利　　　　会计：王芬　　　　车间：刘明　　　　仓库：秦琳

## 记账凭证

2019 年 6 月 29 日　　　　　　　　　　　　　　　记字第 37 号

| 摘要 | 会计科目 | 借方 | 贷方 |
|---|---|---|---|
| 分配本月制造费用 | 生产成本——制造费用——女士单肩包 | 4 033.19 | |
| | 生产成本——制造费用——女士双肩包 | 6 309.93 | |
| | 生产成本——制造费用——女士钱包 | 3 341.26 | |
| | 制造费用 | | 13 684.38 |
| | | | |
| | | | |
| 合计：人民币大写：壹万叁仟陆佰捌拾肆元叁角捌分 | | 13 684.38 | 13 684.38 |

会计主管：　　　　　记账：　　　　　审核：王芬　　　　　制单：张颖

附单据 1 张

**图 20 - 5　记 - 37 号记账凭证**

后附的原始凭证为"制造费用分摊表"(见表 20 – 10)。

表 20 – 10　　　　　　　　　制造费用分摊表

| 产品名称 | 制造费用总额 | 分摊 | | 分配金额 |
| --- | --- | --- | --- | --- |
| | | 生成成本总额 | 分配比例 | |
| 女士单肩包 | | 7 577.50 | 29.47% | 4 033.19 |
| 女士双肩包 | 13 684.38 | 11 855 | 46.11% | 6 309.93 |
| 女士钱包 | | 6 277.50 | 24.42% | 3 341.26 |
| 合计 | | 25 710.00 | 100.00% | 13 684.38 |

总经理:郑胜利　　　　会计:王芬　　　　车间:刘明　　　　仓库:秦琳

6月发生的制造费用总额是"13 684.38"元,各产品的生产成本总额可以计算出来,然后根据产品生产成本占比确定制造费用的分配比例,从而将制造费用分配到各产品成本中。

"'生产成本'归集完毕后,月末,根据'入库单''完工产品交接单'等汇总出本月完工入库的库存商品的数量,咱们公司期末完工产品与在产品的成本分配采用的是'不计算在产品成本法'。"王会计翻出了记 – 38 号凭证(见图 20 – 6、图 20 – 7)。

有关产成品成本计算如表 20 – 11 所示。

企业生产过程中,本月投入的料、工、费不一定全部加工成产成品,所以月末需要将生产成本在完工产品与在产品之间进行分配。我们公司使用

记账凭证

2019 年 6 月 30 日　　　　　　　　　记字第 38 (1/2) 号

| 摘要 | 会计科目 | 借方 | 贷方 | |
| --- | --- | --- | --- | --- |
| 本月产成品入库 | 库存商品——女士单肩包 | 82 896.82 | | 附单据1张 |
| | 库存商品——女士双肩包 | 61 301.48 | | |
| | 库存商品——女士钱包 | 28 603.76 | | |
| | 生产成本——直接材料——女士单肩包 | | 71 163.43 | |
| | 生产成本——直接人工——女士单肩包 | | 7 700.00 | |
| | 生产成本——制造费用——女士单肩包 | | 4 033.19 | |
| 合计:人民币大写:壹拾柒万贰仟捌佰零贰元零陆分 | | 172 802.06 | 172 802.06 | |

会计主管:　　　　记账:　　　　审核:王芬　　　　制单:张颖

图 20 – 6　记 – 38 号记账凭证(1)

### 记账凭证

2019 年 6 月 29 日 　　　　　记字第 38（2/2）号

| 摘要 | 会计科目 | 借方 | 贷方 |
|---|---|---|---|
|  | 生产成本——直接材料——女士双肩包 |  | 42 891.55 |
|  | 生产成本——直接人工——女士双肩包 |  | 12 100.00 |
|  | 生产成本——制造费用——女士双肩包 |  | 6 309.93 |
|  | 生产成本——直接材料——女士钱包 |  | 18 862.50 |
|  | 生产成本——直接人工——女士钱包 |  | 6 400.00 |
|  | 生产成本——制造费用——女士钱包 |  | 3 341.26 |
| 合计：人民币大写：壹拾柒万贰仟捌佰零贰元零陆分 | | 172 802.06 | 172 802.06 |

附单据 1 张

会计主管：　　　　记账：　　　　审核：王芬　　　　制单：张颖

图 20-7　记-38 号记账凭证（2）

表 20-11　　　　　　　　产成品成本计算表

| 序号 | 名称 | 原材料 | 人工 | 制造费用 | 合计 | 数量 | 单价 |
|---|---|---|---|---|---|---|---|
| 1 | 女士单肩包 | 71 163.63 | 7 700.00 | 4 033.19 | 82 896.82 | 800 | 103.62 |
| 2 | 女士双肩包 | 42 891.55 | 12 100.00 | 6 309.93 | 61 301.48 | 800 | 76.63 |
| 3 | 女士钱包 | 18 862.50 | 6 400.00 | 3 341.26 | 28 603.76 | 500 | 57.21 |
|  | 合计 | 132 917.68 | 26 200.00 | 13 684.38 | 172 802.06 | — | — |

总经理：郑胜利　　　会计：王芬　　　车间：刘明　　　仓库：秦琳

的是"不计算在产品成本法"，也就是本月发生的生产成本全部分配给完工产品，分配后，生产成本科目余额为零。6 月各种产品的生产成本通过记-34 至记-37 号凭证可以得到，本月完工产品的数量根据"入库单""产品交接单"汇总出来，进而可以算出 6 月每一种产品的成本。

产品完工之后就要转移到"产成品仓库"，当产品对外销售后，就需要结转"主营业务成本"，我翻到本月记-39 号凭证（见图 20-8）。

后附的原始凭证为"销售成本计算表"（见表 20-12）。

6 月销售出库"女士单肩包"1 000 个、"女士双肩包"600 个、"女士钱包"400 个。在"月末一次加权平均法"下，发出"女士单肩包"的单价为 99.93 元［(57 000+82 896.82)/(600+800)］，因此"女士单肩包"应该结转到主营业务成本中的金额为 99 926.30 元（因为小数点保留位数的关系，存在尾差）。

## 记账凭证

2019 年 6 月 30 日　　　　　　　　　　　　　　记字第 39 号

| 摘要 | 会计科目 | 借方 | 贷方 |
|---|---|---|---|
| 结转本月销售成本 | 主营业务成本——女士单肩包 | 99 926.30 | |
| | 主营业务成本——女士双肩包 | 46 855.35 | |
| | 主营业务成本——女士钱包 | 21 351.88 | |
| | 库存商品——女士单肩包 | | 99 926.30 |
| | 库存商品——女士双肩包 | | 46 855.35 |
| | 库存商品——女士钱包 | | 21 351.88 |
| 合计：人民币大写：壹拾陆万捌仟壹佰叁拾叁元伍角叁分 | | 168 133.53 | 168 133.53 |
| 会计主管： | 记账： | 审核：王芬 | 制单：张颖 |

附单据 1 张

图 20 - 8　记 - 39 号记账凭证

表 20 - 12　　　　　　　　　　销售成本计算表

| 名称 | 期初 | | | 本期入库 | | | 本期出库 | | |
|---|---|---|---|---|---|---|---|---|---|
| | 数量 | 单价 | 金额 | 数量 | 单价 | 金额 | 数量 | 单位成本 | 金额 |
| 女士单肩包 | 600 | 95.00 | 57 000.00 | 800 | 103.62 | 82 896.82 | 1 000 | 99.93 | 99 926.30 |
| 女士双肩包 | 300 | 82.00 | 24 600.00 | 800 | 76.63 | 61 301.48 | 600 | 78.09 | 46 855.35 |
| 女士钱包 | 300 | 47.00 | 14 100.00 | 500 | 57.21 | 28 603.76 | 400 | 53.38 | 21 351.88 |
| 合计 | | | 95 700.00 | | | 172 802.06 | | | 168 133.53 |

总经理：郑胜利　　　　　会计：王芬　　　　　车间：刘明　　　　　仓库：秦琳

经过王会计的耐心讲解，我终于把成本核算的问题学会了。总结一下成本核算的过程：

（1）归集各产品生产成本：根据"领料单""出库单""应付职工薪酬分配表""制造费用分配表"等，将各种产品的生产成本归集起来，需注意企业发出存货采用的计价方法。

（2）分配完工产品与在产品成本，确定完工产品成本，进而计算出"库存商品"的成本。

# 第 21 章　三项费用巧分类

我在翻看凭证时，发现公司发生的支出里面，三项费用金额所占的比重不大，但是发生的频率很高，对于财务人员来说，费用审核、付款、入账也是挺大的工作量。而且明细科目也很多，特别是管理费用，明细科目最多了。同样的发票品名，如餐费，有的凭证记入了"业务招待费"，有的凭证记入了"福利费"，还有的记到了"会议费"……

我发现做会计其实跟玩游戏升级打怪也都差不多，做会计每天都会遇到问题，而且随着学习时间的累积，我能感觉到自己每天都有进步。但是这些问题就好像游戏中的怪兽一样，怎么打都打不完，打完一个又出来另一个。也许当我积累足够多、能力足够强的时候，就可以像李主管、崔总那样受人尊敬了，同时也可以拥有体面的生活。

"盼盼，这几天资产盘点怎样啊？"是李主管的声音。

"我参与了存货和固定资产盘点，挺顺利的，存货盘亏了 1 808 元，被老鼠咬坏了，在等待领导审批意见；固定资产账实相符。我觉得自己又进步了。"机不可失，失不再来，我赶紧向她请教"三项费用"，"李姐，咱们公司的三项期间费用为什么设置这么多明细科目啊？而且这些明细科目都是核算什么内容的，我翻看以前的凭证，看到这里有点晕。"

"销售费用、管理费用、财务费用都是一级科目，一级科目核算的内容你知道吗？"

"这个我已经掌握了，按照核算的内容不同分为三项费用。"

"一级科目是会计准则规定的，三项费用的明细科目是各企业自行设置的，企业为了核算需要，通常会设置明细科目，而且必须设置，否则不方便查询数据。比如，老板让你查一下今年的'广告费'发生多少了？如果做账时不设置'广告费'这个明细科目，就不能快速从账上查出来，就只能去翻凭证了，工作效率太低。"

原来如此，"那明细科目是不是设置得越细致全面越好呢？"

"不一定，你双11'剁手'的时候考虑'性价比'吧？"

"考虑'性价比'，我是实用主义者，不理解那些为了买个包、买苹果手机去借网贷或者卖肾的人。"

"企业会计科目设置得越细致，工作量就越大，需要的人员就越多，会增加企业的管理成本，所以主要是做好平衡，科目设置能够满足企业的需要就可以了。将来企业做大做强了，科目设置也会随着调整。设置明细科目也是有讲究的，要做到不重、不漏、不乱，否则容易形成乱账。"李主管说完给我发了一个表，"这是咱们公司设置的费用明细科目表，你先把这个表搞明白。"

李主管那里到底有多少表，我的问题，她那里总有一款表格适合我。我打开表格，原来是我们公司现在使用的费用科目表，我学习整理后画了思维导图，便于理解和记忆。

先看"财务费用"（见图20-1），这个科目核算企业为筹集生产经营所需资金等发生的筹资费用，它设置的明细科目有4个，而且全是二级科目。

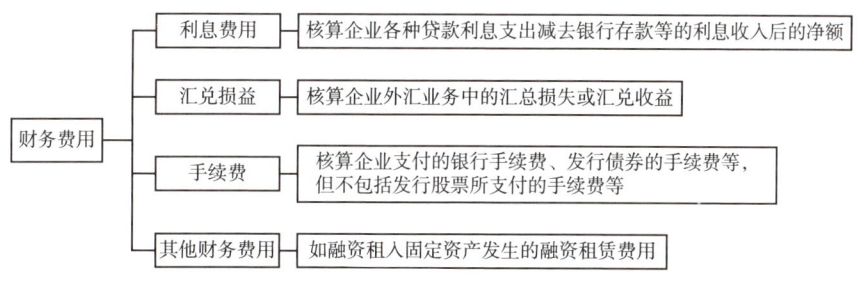

图21-1 财务费用思维导图

再看"销售费用"（见图21-2），这个科目核算企业销售商品和材料、提供劳务的过程中发生的各种费用，它设置的明细科目比较多。其中，二级科目1至6是销售费用中的人工成本；7至14是销售部门日常发生费用；15至18是为销售商品而发生的费用。

最后看"管理费用"（见图21-3），是指企业行政管理部门为组织和管理生产经营活动而发生的各种费用。其中，二级科目1至6是管理费用中的人工成本，7至16是各种日常管理费用，17"开办费"是企业在筹建期间发生的费用；18"其他"属于兜底会计科目。

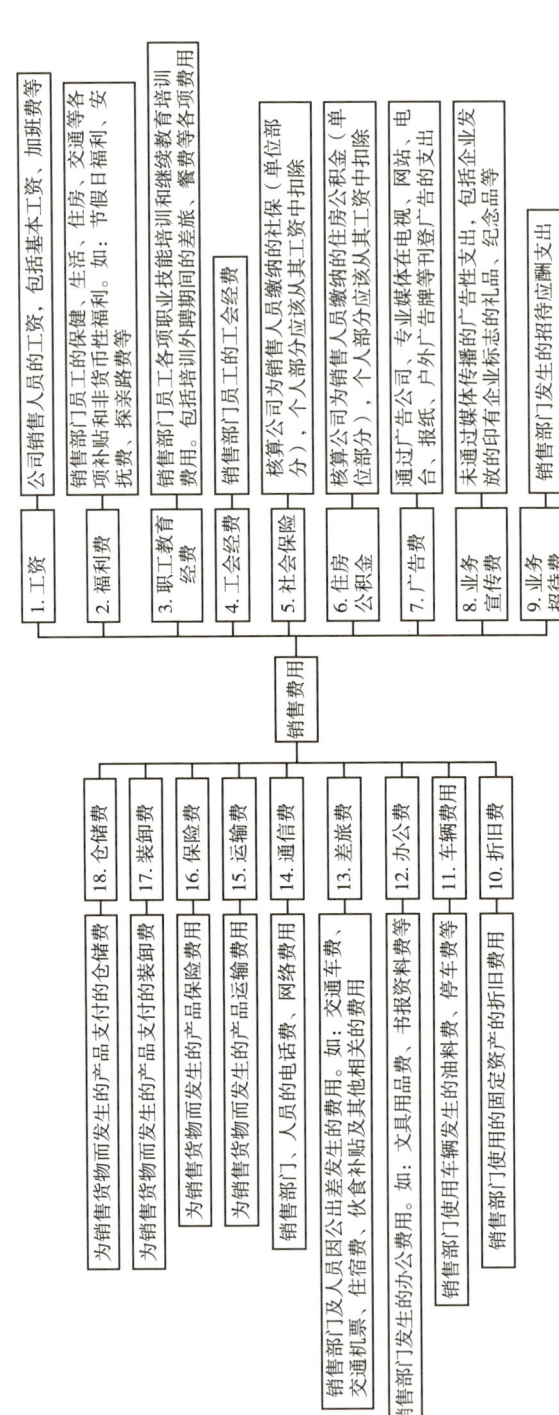

图 21-2 销售费用思维导图

第 21 章 三项费用巧分类

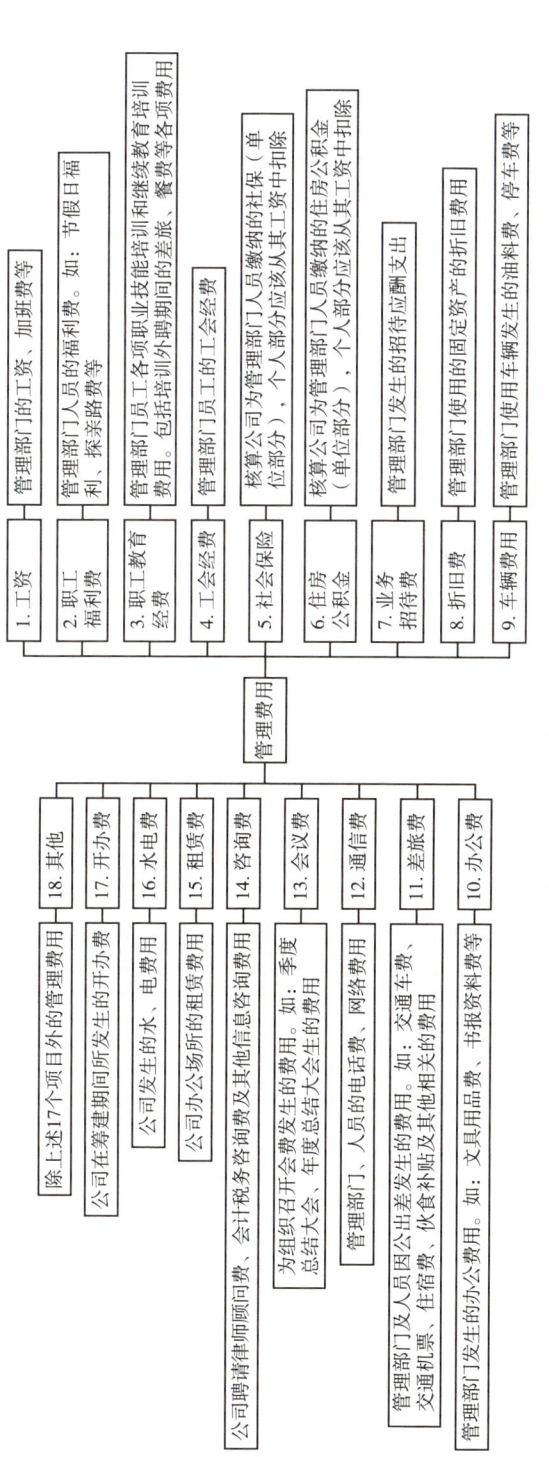

图 21－3 管理费用思维导图

通过梳理三项费用明细科目,我可以看懂费用的记账凭证了。但是为什么同样的发票品名,如餐费,有的凭证记入了"业务招待费",有的凭证记入了"福利费",还有的记到了"会议费"……我继续去请教李主管。

"发票品名是按照增值税规定开具的,根据税务总局发布的"商品和服务税收分类编码表",在税控系统里面开具;而会计入账的费用科目是根据会计准则的规定从用途的角度划分的。'桥是桥,路是路',发票品名与费用科目之间无必然的关系。"

原来如此,我从用途的角度看凭证中的费用科目,豁然开朗。今天又是收获满满,下班后我就高高兴兴地走了。

# 第22章　为什么要结转损益

晚上回到宿舍，我开始整理自己的工作笔记，并把以前记录的笔记都温习了一遍。其实会计工作也挺有意思的，它是一门语言，把所有不同行业、不同规模、不同地域的企业的经营状况都用这种语言描述出来，使掌握这种语言的人可以看懂企业的状况，就像音乐可以穿透人的情感一样。

我感概"复式记账法"的伟大，刘丹丹也非常赞同。她从事务所带来了一大堆单据，是事务所的一家代理记账客户的，客户刚分配给她不久。看着她画丁字账，我羡慕得不行。

"终于'平'了，吃个苹果，然后开始'结转损益'。"刘丹丹伸了一个懒腰出去洗苹果了。

"结转损益"是指在期末，将损益类科目的余额全部结转到"本年利润"中，结转后损益类科目余额为零。具体来说就是将收入类科目结转到"本年利润"的贷方，将成本、费用类科目结转到"本年利润"的借方。

例如，"主营业务收入"发生了20万元，"主营业务成本"发生了10万元，管理费用发生了4万元。将记账凭证做完后："主营业务收入"有贷方余额20万元，"主营业务成本"有借方余额10万元，"管理费用"有借方余额4万元，如图22-1所示。

| 主营业务收入 | | 主营业务收入 | | 管理费用 | |
|---|---|---|---|---|---|
| | 20万元 | 10万元 | | 4万元 | |
| | 20万元 | 10万元 | | 4万元 | |

图22-1　损益类科目余额

"结转损益"时,将"主营业务收入"的贷方余额转到"本年利润"的贷方,如图22-2所示。

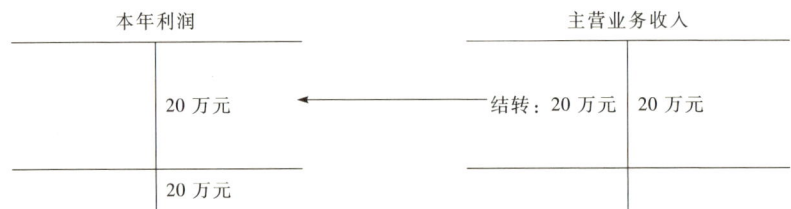

图22-2 结转主营业务收入

另外,将"主营业务成本""管理费用"的借方余额转到"本年利润"的借方,如图22-3所示。

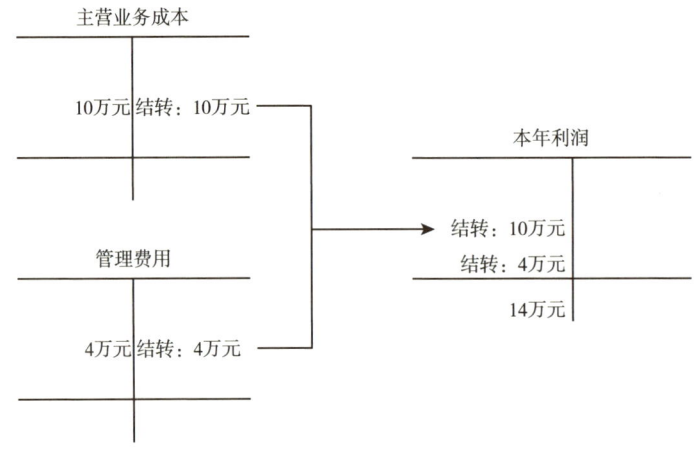

图22-3 结转主营业务成本与管理费用

"结转损益"全部完成后,我们来看一下"本年利润"的余额,如图22-4所示。

本年利润

| 10万元 | 20万元 |
| 4万元 | |
| | 6万元 |

图22-4 本年利润余额

此时"本年利润"期末余额为贷方6万元,说明企业本期有盈利6万元,因为"本年利润"的贷方余额表示企业当期的收入大于成本费用;否则,就是借方余额,表示企业亏损。这就是"结转损益"的目的,会计核算是会计工作的基本职能之一。在企业经营中,老板最关心的就是企业到底挣了多少钱,把损益类科目余额都结转到"本年利润"中,再来分析"本年利润"的余额在哪一方、是多少,就能知道企业挣多少钱或亏多少钱了。

"'结转损益'后,这家的账就做得差不多了吧,明天晚上下班后去看电影吧?"我翻看着最近上映的电影。

"那今天晚上我得把这家的账全做完,事务所给我分配了20多个公司的账,这家做手工账的最麻烦。'结转损益'后,我还要计提企业所得税,另外,还要将'本年利润'转到'利润分配'。"刘丹丹接着说,"盼盼,你帮我填一张计提所得税的凭证吧。"

"好,这家企业是按照利润预缴所得税吗?"

"是,我算了一下,全年累计利润是80万元,适用小微企业税收优惠,前3个季度都没有预缴过企业所得税。"

企业所得税是针对法人企业的应纳税所得额缴纳的所得税,企业所得税=应纳税所得额×税率(通常为25%)。小微企业税收优惠是指:小型微利企业年应纳税所得额不超过100万元的部分,减按25%计入应纳税所得额,按20%的税率缴纳企业所得税;对年应纳税所得额超过100万元但不超过300万元的部分,减按50%计入应纳税所得额,按20%的税率缴纳企业所得税。

因此,我帮丹丹填写的凭证中,企业所得税=80×25%×20%=4(万元)。

会计分录为:

借:所得税费用          40 000

  贷:应交税费——应交企业所得税    40 000

"所得税费用"是损益类科目,应该结转到"本年利润"中,如图22-5所示。

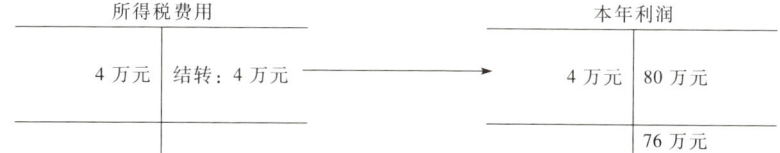

图22-5 结转所得税费用

如果一个企业年度应纳税所得额为 200 万元，它仍可以享受小微企业的税收优惠，则该企业应该缴纳的企业所得税为：100×25%×20%+（200－100）×50%×20%＝5+10＝15（万元）。

假设一个企业年度应纳税所得额为 500 万元，则该企业就不能享受小微企业的税收优惠了，该企业就应该缴纳的企业所得税为：500×25%＝125（万元）。

我做完凭证后继续刷手机，最后决定明天晚上看《叶问4》，并选好了场次、座位。

"盼盼，你再帮我做一张本年利润结转利润分配的凭证吧。做完后，这家的账就可以暂时告一段落了。"丹丹虽然在跟我说话，但是手里的笔一直不停。

我停止刷手机，开始做结转利润分配的凭证。本年利润结转利润分配的凭证一年只做一次，年末需要将"本年利润"结转到"利润分配"，结转后，"本年利润"没有余额。

丹丹负责的这家企业的累计利润是 80 万元，计提了所得税费用 4 万元，"本年利润"余额为 76 万元，结转的会计分录为：

借：本年利润　　　　　　　　　　　　　　76 万
　　贷：利润分配——未分配利润　　　　　　76 万

结转之后，如图 22-6 所示。

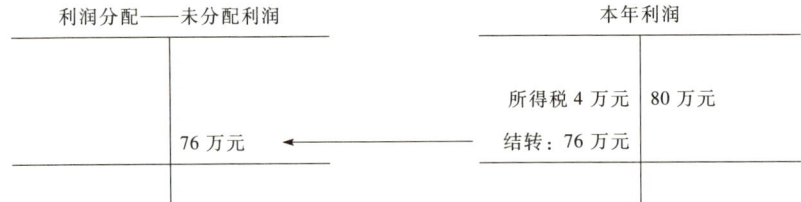

**图 22-6　结转本年利润**

"本年利润"和"利润分配——未分配利润"都是所有者权益科目。"本年利润"，顾名思义就是企业在本年度实现的利润；"利润分配——未分配利润"就是企业从成立之日起累计实现的可供分配的利润。将本年利润结转到"利润分配——未分配利润"是企业年度利润分配的第一步。

企业利润分配的过程如下：

（1）计算可供分配的利润：将本年净利润（或亏损）与年初未分配利润（或亏损）合并，计算出可供分配的利润。如果可供分配的利润为负数（即亏损），则不能进行后续分配；如果可供分配的利润为正数（即本年累计盈利），则进行后续分配。

会计分录：

借：本年利润

  贷：利润分配——未分配利润

（2）提取法定盈余公积金：在不存在年初累计亏损的前提下，法定盈余公积金按照税后净利润的10%提取。法定盈余公积金已达注册资本的50%时可不再提取。提取的法定盈余公积用于弥补以前年度亏损或转增资本金。但转增资本金后留存的法定盈余公积不得低于注册资本的25%。

会计分录：

借：利润分配——提取法定盈余公积

    ——提取任意盈余公积

  贷：盈余公积——法定盈余公积

    ——任意盈余公积

（3）向股东（投资者）支付股利（分配利润）：企业以前年度未分配的利润，可以并入本年度分配。

会计分录：

借：利润分配——应付股利

  贷：应付股利

（4）结转"利润分配"至"利润分配"中的三个二级科目：提取法定盈余公积、提取任意盈余公积、应付股利

会计分录：

借：利润分配——未分配利润

  贷：利润分配——提取法定盈余公积

    ——提取任意盈余公积

    ——应付股利

# 第 23 章　什么是企业所得税

企业所得税是对在我国境内的企业和其他取得收入的"组织",以其生产经营所得为课税对象所征收的一种所得税,"个体工商户、个人独资企业、合伙企业"不属于企业所得税纳税人。企业所得税的计税依据是"应纳税所得额"。在实务中,税务机关对企业所得税的征收管理有两种方式:查账征收、核定征收。

## 一、查账征收

这种征收方式适用于账簿、凭证、财务核算制度比较健全,能够据以如实核算,反映生产经营成果,正确计算应纳税款的纳税人。企业按照会计准则的规定计算出"利润",在"利润"的基础上考虑纳税调整后,计算出"应纳税所得额",然后计算出当期的企业所得税额。公式如下:

应纳税额 = 应纳税所得额 × 适用税率 − 减免税额 − 抵免税额

应纳税所得额 = 年度利润总额 + 纳税调整增加额 − 纳税调整减少额

### 1. 年度利润总额

"年度利润总额"是按照会计准则的规定,计算出来的企业利润,也就是利润表中的"利润总额"一栏的数字。

### 2. 纳税调整

因为企业所得税中的"应纳税所得额"与会计上的利润总额计算有不一致的地方,所以在计算企业应税所得时,以会计上的利润总额为基础,按照税法的规定进行调整,这一过程,就是纳税调整。例如,当企业利润中已经扣除了成本、费用，但是按照税法规定不应该扣除时，就需要做纳税调增；当企业利润中已经记入了某项收入，但是按照税法规定，该项收入属于免税收入时，就需要做纳税调减。常用的纳税调整项目包括以下几类。

（1）国债"利息"收入。企业购买国债取得的"利息"收入，免征企业所得税。但是国债"利息"收入已经记入了企业的"利润总额"中，因此，需要做纳税调减。

（2）符合条件的居民企业之间的股息、红利等权益性投资收益。居民企业向居民企业投资取得的股息、红利等权益性投资收益，免征企业所得税，需要做纳税调减。

【例23-1】注册地在北京的甲公司出资100万元成立了A有限责任公司，2019年A公司向甲公司分红20万元。甲公司收到20万元的分红后将其记入了"利润总额"中，但是该分红可以免征企业所得税，因此，甲公司应该做纳税调减20万元。

（3）三项经费。"三项经费"指的是职工福利费、工会经费、职工教育经费，其扣除基数为企业实际发生的、合理的工资薪金，扣除限额分别为14%、2%、8%，其中职工教育经费可以结转以后年度扣除。

【例23-2】乙公司2019年度实际发放工资薪金总额为100万元，职工福利费实际发生额为10万元，工会经费发生额为5万元，职工教育经费发生额为6万元。

解析：①职工福利费。扣除限额：100×14%=14（万元），企业实际发生额为10万元小于扣除限额，10万元可以全额扣除，会计与税法一致，不用纳税调整。

②工会经费。扣除限额：100×2%=2（万元），企业实际发生额为5万元，会计上记入了5万元，但是税法只认可2万元，因此需要纳税调增3万元（5-2=3）。

③职工教育经费。扣除限额：100×8%=8（万元），企业实际发生额为6万元，会计与税法一致，不用进行纳税调整。

（4）公益性捐赠。"公益性捐赠"是指企业通过"公益性社会组织或者县级以上人民政府及其组成部门和直属机构"，用于"慈善活动、公益事业"的捐赠。公益性捐赠支出，不超过"年度利润总额"12%的部分，准予扣除；超过部分，准予结转在以后"三年"内扣除。

【例23-3】丙公司2019年度企业利润总额为100万元,2019年度该企业向中国红十字会捐款20万元,该项捐赠属于"公益性捐赠"。

解析:该项捐赠扣除限额:100×12%=12(万元),企业实际发生额为20万元,会计上已经记入了20万元,但是税法只认可12万元,因此需要纳税调增8万元(20-12=8)。

(5)业务招待费。企业发生的与经营活动有关的业务招待费支出,按照"实际发生额的60%"扣除,但最高不得超过当年"销售(营业)收入的5‰"。企业在筹建期间,发生的与筹办活动有关的业务招待费支出,可按实际发生额的60%计入企业筹办费,并按有关规定在税前扣除。

【例23-4】2019年丁公司会计利润总额为200万元,取得销售(营业)收入2 000万元,发生与生产经营活动有关的业务招待费支出12万元。丁公司在计算2019年度企业所得税应纳税所得额时,如何进行纳税调整?

解析:业务招待费扣除限额为两个标准中的较小者:

2 000×5‰=10(万元)

12×60%=7.2(万元)

两个标准进行比较,7.2万元小于10万元,因此税法上对业务招待费的扣除限额是7.2万元。而企业会计上已经记入了12万元,超过部分应该做纳税调增4.8万元(12-7.2=4.8)。

(6)广告费和业务宣传费。一般企业发生的广告费和业务宣传费,不超过当年销售(营业)收入15%的部分准予扣除;超过部分准予在以后纳税年度结转扣除;化妆品制造或销售、医药制造和饮料制造(不含酒类制造)企业发生的广告费和业务宣传费支出,不超过当年销售(营业)收入30%的部分,准予扣除;超过部分,准予在以后纳税年度结转扣除;烟草制造业,不得税前扣除!企业在筹建期间,发生的广告费和业务宣传费,可按实际发生额计入企业筹办费,并按有关规定在税前扣除。

【例23-5】2019年戊公司会计利润总额为100万元,取得销售(营业)收入1 000万元,发生广告费和业务宣传费支出120万元。戊公司在计算2019年度企业所得税应纳税所得额时,如何进行纳税调整?

解析:广告费和业务宣传费的扣除限额为:1 000×15%=150(万元)。

企业实际发生额为120万元,税法与会计一致,不需要进行纳税调整。

(7)税收滞纳金,罚金、罚款和被没收财物的损失。这些按照税法规定,均不能税前扣除；当企业缴纳了税收罚款、税收滞纳金后需要全额调增。

【例23-6】2019年A公司缴纳税收罚款1 000元，税收滞纳金200元，如何进行纳税调整？

解析：因为税收罚款、税收滞纳金均不能在税前扣除，因此需要全部纳税调增，调增1 200元（1 000＋200）。

在查账征收中，企业常见的纳税调整项目给大家介绍了上述7项。

【例23-7】甲公司为居民企业，主要从事电冰箱的生产和销售业务。2019年有关经营情况如下：

（1）销售电冰箱收入8 000万元，其中，国债利息收入50万元。

（2）符合条件的广告费支出1 500万元。

（3）发生业务招待费100万元。

（4）全年利润总额为900万元。

请计算甲公司2019年应缴的企业所得税。

解析：（1）国债利息收入属于免税收入，应该纳税调减50万元。

（2）广告费扣除限额：8 000×15%＝1 200（万元），实际发生额1 500万元，需要纳税调增：1 500－1 200＝300（万元）。

（3）业务招待费扣除标准：

①8 000×5‰＝40（万元）

②100×60%＝60（万元）

两者比较，业务招待费的扣除限额是40万元；企业实际发生业务招待费支出100万元，需要纳税调增：100－40＝60（万元）。

（4）应纳税所得额：900－50＋300＋60＝1 210（万元）

应缴企业所得税：1 210×25%＝302.5（万元）

## 二、核定征收

核定征收指的是由税务机关根据纳税人情况，在正常生产经营条件下，对其生产的应税产品查实核定产量和销售额，然后依照税法规定的税率征收税款的征收方式。核定征收通常适用于会计核算不健全的企业。一般情况下，企业的收入容易统计出来，当税务机关按照收入总额核定征收企业所得税时，核定"应税所得率"，应纳税所得额＝收入总额×应税所得率，然后计算出应纳税额。

【例23-8】某地 C 公司，按收入总额核定征收方式缴纳企业所得税，当地税务机关核定的应税所得率为 10%，2019 年企业收入总额为 200 万元，C 公司享受小微企业税收优惠，请计算 C 公司 2019 年应该缴纳的企业所得税。

解析：应纳税所得额：200×10% = 20（万元）

应纳税额：20×25%×20% = 1（万元）

C 公司 2019 年应纳税所得额不超过 100 万元，减按 25% 计入应纳税所得额，按 20% 的税率缴纳企业所得税。

# Part 3

## 第三部分：
## 临危受命

# 第 24 章　大展身手，做全盘账了

经过一个多月的实习，我现在翻看公司以前月份的凭证基本都能看懂了。回想一下刚来公司的时候，连发票"抬头"都不知道是什么，真是好笑。今天早上我照例提前半小时来到办公室，收拾完毕后浏览了一会儿招聘网站，上面会计职位还是挺多的。最近老师催着签三方协议，我们班已经有两个同学签了，听说今年就业形势很不好，很多企业都在裁员，我也不知道自己能否留在这个公司，感觉未来很迷茫，难道真的"毕业即失业"吗？

办公室其他人都陆续来了，李主管昨天给我安排了工作，我继续做着那些工作。突然李主管叫我一起到崔总办公室去，看李主管一脸的严肃，难道又是税务局检查？

我跟着李主管来到崔总办公室，原来是刘会计家里有事，需要请长假，她手头上的工作被领导分解成了三部分，分别交接给其他 3 个人。老板在 2019 年 10 月新成立了一个小规模商贸企业——北京鑫海商贸有限公司，在公主坟那边办公，由刘会计负责，现在刘会计要请长假，那家小规模企业的会计工作就交给我具体负责。我欣然答应了，来公司一个多月了，我终于可以独立负责会计工作了，而且还有李主管指导，我充满了信心。

回到办公室，在李主管的安排下，刘会计给我讲解了"北京鑫海商贸有限公司"的情况。公司 2019 年 10 月才成立，由老板外甥担任法定代表人，从北京伊人皮具加工有限公司采购皮包然后对外销售，而且还在淘宝开了一个店铺。这家小规模企业每月需要代扣代缴个人所得税、增值税及附加税费、企业所得税季度申报。公司使用"好会计"财务软件做账。刘会计已经在 11 月建账并且 11 月的账已经做完，现在的当务之急就是要把 12 月的账全部做完并年结，2020 年 1 月报税。使用财务软件做账速度很快，只要把凭证录入完毕，财务报表就自动出来了。

我看刘会计已经将12月的单据都整理完毕，可是我还不会用财务软件，刘会计还要跟别人交接工作，没空教我财务软件怎么用。看来还是请教李主管吧。

"使用财务软件并不难，最主要的是要学会从填制记账凭证到出具财务报表、填写申报表的全过程。"李主管接着说，"你先使用手工账的方法将12月的凭证、报表都做完，我审核后，你再用财务软件做。"

"用财务软件，录入凭证后，就能自动出来财务报表了，我还有必要按照手工账的方法把财务报表编制出来吗？"早上看招聘网站中对会计岗位的要求，还要求会编制财务报表，既然财务软件能自动出来报表，有必要学会编制财务报表吗？

"电话、语音、视频都能沟通，为什么还要读书识字呢？"李主管回怼了我。

读书识字跟做手工账出报表有可比性吗？纠结这个是没用的，我还是赶紧动手去做吧。

我把刘会计给我的单据梳理后，将12月所有的业务整理出来，并写出了会计分录，共计29笔。

(1) 1日，向航天信息购置税控设备并支付税控维护费用480元，现金支付。

借：管理费用——办公费　　　　　　　　　　480
　　贷：库存现金　　　　　　　　　　　　　　　480
借：应交税费——应交增值税　　　　　　　　480
　　贷：管理费用——办公费　　　　　　　　　　480

纳税人初次购买税控设备以及支付的税控维护费用可以全额抵减增值税。小规模纳税人增值税通过"应交税费——应交增值税"来核算。

(2) 1日，报装电话一部，现金支付电话初装费200元，根据电信公司开具的发票入账。

借：管理费用——办公费　　　　　　　　　　200
　　贷：库存现金　　　　　　　　　　　　　　　200

(3) 4日，从北京伊人皮具商贸有限公司购进皮包一批，发票上面注明价税合计58 500元（双肩包300个，单价195元/个），货已验收入库，开具转账支票结算货款。

借：库存商品　　　　　　　　　　　　　　58 500
　　贷：银行存款——工商银行　　　　　　　　　58 500

北京鑫海商贸有限公司的开户银行也是工商银行。因为是小规模纳税人，小规模购进商品时，无进项税额抵扣的问题，所以取得发票上面的价税合计全部计入"库存商品"。

（4）4日，公司开通支付宝账户，从公司基本户划款1 000元至公司支付宝账户。

借：其他货币资金——支付宝　　　　　　　1 000
　　贷：银行存款——工商银行　　　　　　　　　1 000

使用支付宝、微信收付款时，属于非现金方式，通过"其他货币资金"核算。

（5）5日，公司在淘宝网站开通一家淘宝店铺，缴纳押金1 000元，从支付宝账户划款。

借：其他应收款——淘宝店铺押金　　　　　1 000
　　贷：其他货币资金——支付宝　　　　　　　　1 000

开通淘宝店铺缴纳的押金，在淘宝店关闭后可以退回，所以记入"其他应收款"。

（6）6日，申报上月税款，并划款，印花税95元。

借：税金及附加　　　　　　　　　　　　　95
　　贷：应交税费——印花税　　　　　　　　　　95
借：应交税费——印花税　　　　　　　　　95
　　贷：银行存款——工商银行　　　　　　　　　95

北京鑫海商贸有限公司印花税计算依据：①公司注册资本100万元，实际收到出资50万元，按照"资金账簿"0.05%减半计算印花税：500 000×0.05%×50%＝125（元）；②上月签订房屋租赁合同，金额6万元，按照"租赁合同"0.1%计算印花税：60 000×0.1%＝60（元）；③公司取得营业执照，缴纳印花税5元。

上述印花税合计：125＋60＋5＝190（元）。小规模纳税人可以享受"六税两费"减半税收优惠，因此需要缴纳印花税95元（190×50%＝95）。

印花税会计处理，记入"税金及附加"科目，为方便数据查询，通过"应交税费——印花税"核算。

（7）7 日，现金支付业务招待用烟一条，金额 230 元，根据发票联入账。

借：管理费用——业务招待费　　　　　　　　　　230
　　贷：库存现金　　　　　　　　　　　　　　　　　　230

（8）8 日，开出现金支票一张，提取现金 25 000 元。

借：库存现金　　　　　　　　　　　　　　　　25 000
　　贷：银行存款——工商银行　　　　　　　　　　　25 000

（9）11 日，北京某实验中学团购皮包一批（双肩包，75 个），价税合计 30 900 元，已开出普通发票，货已发，款未收。

借：应收账款——北京某实验中学　　　　　　30 900
　　贷：主营业务收入　　　　　　　　　　　　　　30 000
　　　　应交税费——应交增值税　　　　　　　　　　 900

（10）12 日，从北京伊人皮具加工有限公司购进皮包一批（单肩包，100 个），发票上面注明价税合计为 11 700 元，货已验收入库，开具转账支票结算货款。

借：库存商品　　　　　　　　　　　　　　　　11 700
　　贷：银行存款——工商银行　　　　　　　　　　　11 700

（11）15 日，销售北京华商诚伟商贸有限公司皮包一批（单肩包，40 个），价税合计 8 240 元，货已发，发票已开，收到对方转账支票。

借：银行存款——工商银行　　　　　　　　　　8 240
　　贷：主营业务收入　　　　　　　　　　　　　　　8 000
　　　　应交税费——应交增值税　　　　　　　　　　 240

（12）18 日，销售北京中瑞商贸有限公司皮包一批（双肩包 96 个，单肩包 60 个），向国税局申请代开专用发票一张，税额 1 350 元，已从银行账户扣款，货已发，收到对方公司转账支票（价税合计 46 350 元）。

借：银行存款——工商银行　　　　　　　　　　46 350
　　贷：主营业务收入　　　　　　　　　　　　　　45 000
　　　　应交税费——应交增值税　　　　　　　　　 1 350
借：应交税费——应交增值税　　　　　　　　　 1 350
　　贷：银行存款——工商银行　　　　　　　　　　　1 350

小规模纳税人开具专用发票时，不管开票金额是多少，都需要按照规定缴纳增值税，增值税税款 = 金额 × 征收率。北京鑫海商贸有限公司销售皮包适用的增值税征收率为3%，因此增值税税款是1 350元（45 000×3%）。

《国家税务总局 关于实施第二批便民办税缴费新举措的通知》（税总函〔2019〕243号）：所有小规模纳税人都可以自开专票，需向税务机关提出申请；另外，如果小规模纳税人未申请自开专票，可以向税务机关申请代开专用发票，代开专用发票同时，增值税会从企业银行账户划走。

（13）19日，办事人员报销公司举办圣诞节、元旦茶话会费用2 000元，以现金支付。

借：管理费用——职工福利费　　　　　　　　　　2 000
　　贷：应付职工薪酬——福利费　　　　　　　　　　　2 000
借：应付职工薪酬——福利费　　　　　　　　　　2 000
　　贷：银行存款——工商银行　　　　　　　　　　　　2 000

企业发生的福利费，计提时按照用途记入成本费用科目，通过"应付职工薪酬——福利费"核算，方便以后数据查询。

（14）20日，收到存款利息312.5元。

借：银行存款——工商银行　　　　　　　　　　　312.5
　　贷：财务费用——利息费用　　　　　　　　　　　　312.5

（15）25日，现金支付本月水电费520元，根据物业公司开具的发票入账。

借：管理费用——水电费　　　　　　　　　　　　520
　　贷：库存现金　　　　　　　　　　　　　　　　　　520

（16）26日，现金支付本月电话费300元，根据发票入账。

借：管理费用——办公费　　　　　　　　　　　　300
　　贷：库存现金　　　　　　　　　　　　　　　　　　300

（17）28日，计提本月工资费用，其中销售人员12 500元，管理人员5 500元。

借：销售费用——销售人员职工薪酬　　　　　　12 500
　　管理费用——管理人员职工薪酬　　　　　　 5 500
　　贷：应付职工薪酬——工资　　　　　　　　　　　18 000

（18）28日，现金发放本月工资，根据工资明细表入账。

借：应付职工薪酬——工资　　　　　　　　　　18 000
　　贷：应交税费——应交个人所得税　　　　　　　　　33

  库存现金                       17 967

（19）28日，现金报销本月淘宝店铺快递费用450元，根据发票入账。

  借：销售费用——快递费             450

    贷：库存现金                450

（20）29日，现金报销本月打车费780元。

  借：管理费用——市内交通费           780

    贷：库存现金                780

（21）29日，现金报销淘宝店铺装修费用1 000元，根据发票入账。

  借：销售费用——业务宣传费           1 000

    贷：库存现金                1 000

（22）29日，现金报销业务招待费600元。

  借：销售费用——业务招待费           600

    贷：库存现金                600

（23）31日，汇总本月淘宝店铺收入，支付宝收款1 200元，3 500元消费者尚未确认收款。

  借：其他货币资金——支付宝           1 200

    应收账款——淘宝店铺消费者         3 500

    贷：主营业务收入              4 563.11

      应交税费——应交增值税          136.89

（24）31日，将支付宝余额转入公司银行账户。

  借：银行存款——工商银行            1 200

    贷：其他货币资金——支付宝         1 200

（25）31日，按照平均年限法计提固定资产折旧205.83元，根据固定资产折旧计算表入账。

  借：管理费用——折旧费             205.83

    贷：累计折旧                205.83

（26）31日，摊销本月房租。

  借：管理费用——租赁费             5 000

    贷：预付账款——房东            5 000

（27）31日，计提本月附加税费。

  借：税金及附加                 81

贷：应交税费——应交城市维护建设税　　　　　　47.25
　　　　应交税费——应交教育费附加　　　　　　　　20.25
　　　　应交税费——应交地方教育附加　　　　　　　13.5

北京鑫海商贸有限公司是按季度申报纳税的小规模企业，季度销售额30万元（不含开具专票部分）免征增值税，本月申请代开专票一张，金额45 000元，税额1 350元，开具发票时，增值税已缴，需要在征期申报缴纳附加税费。计算过程如表24 – 1所示。

表24 – 1　　　　　　　　　附加税费计算表

| 序号 | 税种 | 计税基数 | 税率 | 减征比例 | 税额 |
| --- | --- | --- | --- | --- | --- |
| 1 | 城市维护建设税 | 1 350.00 | 7% | 50% | 47.25 |
| 2 | 教育费附加 | 1 350.00 | 3% | 50% | 20.25 |
| 3 | 地方教育附加 | 1 350.00 | 2% | 50% | 13.50 |
| | 合计 | | | | 81.00 |

（28）31日，根据本月增值税、附加税计算结果，将符合免税条件的税额转入营业外收入。

　　借：应交税费——应交增值税　　　　　　　　　1 276.89
　　　贷：营业外收入——政府补助　　　　　　　　　1 276.89
　　借：应交税费——教育费附加　　　　　　　　　　20.25
　　　　应交税费——地方教育附加　　　　　　　　　13.5
　　　贷：营业外收入——政府补助　　　　　　　　　33.75

根据《关于实施小微企业普惠性税收减免政策的通知》（财税〔2019〕13号）第一条：对月销售额10万元以下（含本数）的增值税小规模纳税人，免征增值税。记账凭证记 – 9、记 – 11、记 – 23在确认收入时已经确认了增值税，但是因为企业满足免征增值税的条件，所以将符合免税条件的增值税税款转入"营业外收入"。

根据《财政部 国家税务总局关于扩大有关政府性基金免征范围的通知》（财税〔2016〕12号）：按月纳税的月销售额或营业额不超过10万元（按季度纳税的季度销售额或营业额不超过30万元）的缴纳义务人，免征教育费附加、地方教育附加、水利建设基金。因此，记 – 27凭证中计提的教育费附加、地方教育附加应该转入"营业外收入"。

(29) 31日，结转本期已销售商品成本46 995元。

借：主营业务成本 46 995

　　贷：库存商品 46 995

配比原则要求取得的收入应与为取得该收入所发生的费用、成本相匹配。企业当期无收入时不结转成本，当期取得的收入，一般月末统一结转成本。需要结转的成本计算表如表24-2所示。

**表24-2　　　　　　　　成本计算表**

| 货物名称 | 规格型号 | 出库数量 | 单价 | 金额 |
| --- | --- | --- | --- | --- |
| 双肩包 | 2019-S13 | 181 | 195.00 | 35 295.00 |
| 单肩包 | 2019-S08 | 100 | 117.00 | 11 700.00 |
| 合计 | | | | 46 995.00 |

审核 王鑫　　　　　　　　经办 李海

# 第 25 章　杜绝眼高手低，手工全盘账走起

会计分录都写完后，我信心满满地去找李主管审核一遍，然后再登账、出报表。

"我先不审核了，你继续做手工账，登记完账簿出报表。"

"11 月刘会计用的是财务软件，根本就没有建手工账，我怎么做啊？"

"你在 Excel 中将期初余额都建上就可以了。"李主管将北京鑫海商贸有限公司 11 月的期末余额给了我，作为 12 月的期初余额（见表 25－1）。

表 25－1　　　　　　期初余额（2019.12.01）

| 科目编码 | 科目名称 | 期初余额 | |
| --- | --- | --- | --- |
| | | 借方 | 贷方 |
| 1001 | 库存现金 | 2 000.00 | |
| 1002 | 银行存款 | 446 100.00 | |
| 1002001 | 　工商银行 | 446 100.00 | |
| 1123 | 预付账款 | 10 000.00 | |
| 1123001 | 　房东 | 10 000.00 | |
| 1221 | 其他应收款 | 5 000.00 | |
| 1221001 | 　房东 | 5 000.00 | |
| 1601 | 固定资产 | 7 800.00 | |
| 2211 | 应付职工薪酬 | | |
| 2241 | 其他应付款 | | |
| 2241001 | 　王鑫 | | |
| 4001 | 实收资本 | | 500 000.00 |
| 4001001 | 　王鑫 | | 300 000.00 |
| 4001002 | 　李海 | | 200 000.00 |
| 4103 | 本年利润 | | －29 100.00 |
| | 合计 | 470 900.00 | 470 900.00 |

### 1. 登记日记账、明细账

在实务工作中，现金日记账和银行存款日记账每天都要登记，并且结出余额；明细账、总账根据实际工作安排予以登记。因为我现在是做一遍手工账的处理流程，所以集中处理了。日记账、明细账的登记非常简单，按照账页的格式把记账凭证上面的内容抄一遍就可以了，若凭证的金额为借方，登账时就填借方；凭证的金额在贷方，登账时就填贷方。登账过程详见第10章。

### 2. 登记总账

总账其实就是明细账的汇总，记录时，摘要就写"某日至某日的发生额"，总账通常一个月登记一次，摘要处就写"某月1日至31日的发生额"。登记总账前先填写"丁字账"，把凭证中每一个会计科目的借方、贷方发生额汇总出来。"丁字账"的填写过程详见第10章。

我根据汇总后的"丁字账"编制的"借方贷方发生额汇总表"如表25-2所示。

表25-2　　　　　　　　借方贷方发生额汇总表

| 会计科目 | 借方发生额 | 贷方发生额 |
| --- | --- | --- |
| 库存现金 | 25 000.00 | 25 877.00 |
| 银行存款 | 56 102.50 | 96 295.00 |
| 其他货币资金 | 2 200.00 | 2 200.00 |
| 应收账款 | 34 400.00 | |
| 预付账款 | | 5 000.00 |
| 其他应收款 | 1 000.00 | |
| 库存商品 | 70 200.00 | 46 995.00 |
| 累计折旧 | | 205.83 |
| 应付职工薪酬 | 20 000.00 | 20 000.00 |
| 应交税费 | 3 235.64 | 2 835.89 |
| 主营业务收入 | | 87 563.11 |
| 营业外收入 | | 1 310.64 |
| 主营业务成本 | 46 995.00 | |
| 税金及附加 | 176.00 | |
| 销售费用 | 14 550.00 | |
| 管理费用 | 15 215.83 | 480.00 |
| 财务费用 | | 312.50 |
| 合　计 | 289 074.97 | 289 074.97 |

根据上面的"借方贷方发生额汇总表",将每个科目的总账登记完毕,每个科目的摘要都是"12月1日至31日的发生额"。如果是借方发生额,就填列到借方;贷方发生额就填列到贷方。填写完毕后,结出余额。注意:计算期末余额时,应该加上期初余额。计算后的科目余额如表25-3所示。

表25-3　　　　　　　　　　科目余额表

| 会计科目 | 期初余额 | | 本期发生额 | | 期末余额 | |
| --- | --- | --- | --- | --- | --- | --- |
| | 借方 | 贷方 | 借方 | 贷方 | 借方 | 贷方 |
| 库存现金 | 2 000.00 | | 25 000.00 | 25 877.00 | 1 123.00 | |
| 银行存款 | 446 100.00 | | 56 102.50 | 96 295.00 | 405 907.50 | |
| 其他货币资金 | | | 2 200.00 | 2 200.00 | | |
| 应收账款 | | | 34 400.00 | | 34 400.00 | |
| 预付账款 | 10 000.00 | | | 5 000.00 | 5 000.00 | |
| 其他应收款 | 5 000.00 | | 1 000.00 | | 6 000.00 | |
| 库存商品 | | | 70 200.00 | 46 995.00 | 23 205.00 | |
| 固定资产 | 7 800.00 | | | | 7 800.00 | |
| 累计折旧 | | | | 205.83 | | 205.83 |
| 应付职工薪酬 | | | 20 000.00 | 20 000.00 | | |
| 应交税费 | | | 3 235.64 | 2 835.89 | | -399.75 |
| 其他应付款 | | | | | | |
| 实收资本 | | 500 000.00 | | | | 500 000.00 |
| 本年利润 | | -29 100.00 | | | | -29 100.00 |
| 主营业务收入 | | | | 87 563.11 | | 87 563.11 |
| 营业外收入 | | | | 1 310.64 | | 1 310.64 |
| 主营业务成本 | | | 46 995.00 | | 46 995.00 | |
| 税金及附加 | | | 176.00 | | 176.00 | |
| 销售费用 | | | 14 550.00 | | 14 550.00 | |
| 管理费用 | | | 15 215.83 | 480.00 | 14 735.83 | |
| 财务费用 | | | | 312.50 | -312.50 | |
| 合　计 | 470 900.00 | 470 900.00 | 289 074.97 | 289 074.97 | 559 579.83 | 559 579.83 |

接下来将损益类科目余额结转到"本年利润"。两种结转方法:第一种方法是将所有损益类科目做一张结转凭证,结转到"本年利润"中;第二种是收入类科目先做一张结转损益凭证,然后,成本、费用再做一张结转凭证。两种方法的最终结果是相同的。使用财务软件时,结转损益凭证可以自动生成,多采用第一种结转方法。手工账结转损益时,多使用第二种方法。

会计分录：

借：主营业务收入　　　　　　　　　　　　　87 563.11
　　　营业外收入　　　　　　　　　　　　　　1 310.64
　　贷：本年利润　　　　　　　　　　　　　　88 873.75
借：本年利润　　　　　　　　　　　　　　　　76 144.33
　　贷：主营业务成本　　　　　　　　　　　　　46 995
　　　　税金及附加　　　　　　　　　　　　　　　176
　　　　销售费用　　　　　　　　　　　　　　14 550
　　　　管理费用　　　　　　　　　　　　　14 735.83
　　　　财务费用　　　　　　　　　　　　　　-312.5

我们看一下"本年利润"这个科目的余额在哪方，进而判断企业是盈利还是亏损。12月期初余额"本年利润"贷方"-29 100"（余额在"贷方负数"跟"借方正数"是同样的道理，说明亏损29 100元）。再加上12月的发生额，画出"本年利润"的T型账户（见图25-1）。

**图25-1　本年利润T型账户**

"本年利润"贷方负数，很显然是亏损的，所以在2020年1月征期内申报第4季度企业所得税时，税款是0。北京鑫海商贸有限公司的企业所得税是分季预缴、年终汇算清缴，到时再说吧。我先编制资产负债表和利润表。

### 1. 资产负债表

资产负债表包括"期末余额""年初余额"两列。首先"年初余额"栏的各项数字应根据上年年末资产负债表"期末余额"栏内所列数字填列。如果，本年度资产负债表各项目的名称和内容与上年度不一致应对上年年末资产负债表各项目的名称和数字按本年度的规定进行调整，填入本年"年初余额"栏。因为北京鑫海商贸有限公司于2019年10月才成立，很显然"年初余额"为0。接下来我根据科目余额表，填制资产负债表（见表25-4）的"期末余额"。

表 25 – 4 资产负债表

编制单位：北京鑫海商贸有限公司　　　　2019 – 12 – 31　　　　　　　　　　　会企 01 表
单位：元

| 资产 | 行次 | 期末余额 | 年初余额 | 负债和所有者权益 | 行次 | 期末余额 | 年初余额 |
|---|---|---|---|---|---|---|---|
| 流动资产： | | | | 流动负债： | | | |
| 货币资金 | 1 | 407 030.50 | | 短期借款 | 32 | | |
| 以公允价值计量且其变动计入当期损益的金融资产 | 2 | | | 以公允价值计量且其变动计入当期损益的金融负债 | 33 | | |
| 应收票据 | 3 | | | 应付票据 | 34 | | |
| 应收账款 | 4 | 34 400.00 | | 应付账款 | 35 | | |
| 预付账款 | 5 | 5 000.00 | | 预收款项 | 36 | | |
| 应收利息 | 6 | | | 应付职工薪酬 | 37 | | |
| 应收股利 | 7 | | | 应交税费 | 38 | 80.25 | |
| 其他应收款 | 8 | 6 000.00 | | 应付利息 | 39 | | |
| 存货 | 9 | 23 205.00 | | 应付股利 | 40 | | |
| 一年内到期的非流动资产 | 10 | | | 其他应付款 | 41 | | |
| 其他流动资产 | 11 | 480.00 | | 一年内到期的非流动负债 | 42 | | |
| 流动资产合计 | 12 | 476 115.50 | | 其他流动负债 | 43 | | |
| | | | | 流动负债合计 | 44 | 80.25 | |
| 非流动资产： | | | | 非流动负债： | | | |
| 可供出售金融资产 | 13 | | | 长期借款 | 45 | | |
| 持有至到期投资 | 14 | | | 应付债券 | 46 | | |
| 长期应收款 | 15 | | | 长期应付款 | 47 | | |
| 长期股权投资 | 16 | | | 专项应付款 | 48 | | |
| 投资性房地产 | 17 | | | 预计负债 | 49 | | |
| 固定资产 | 18 | 7 594.17 | | 递延收益 | 50 | | |
| 在建工程 | 19 | | | 递延所得税负债 | 51 | | |
| 工程物资 | 20 | | | 其他非流动负债 | 52 | | |
| 固定资产清理 | 21 | | | 非流动负债合计 | 53 | | |
| 生产性生物资产 | 22 | | | 负债合计 | 54 | 80.25 | |
| 油气资产 | 23 | | | 所有者权益（或股东权益）： | | | |
| 无形资产 | 24 | | | 实收资本（或股本） | 55 | 500 000.00 | |
| 开发支出 | 25 | | | 资本公积 | 56 | | |
| 商誉 | 26 | | | 减：库存股 | 57 | | |
| 长期待摊费用 | 27 | | | 其他综合收益 | 58 | | |
| 递延所得税资产 | 28 | | | 盈余公积 | 59 | | |
| 其他非流动资产 | 29 | | | 未分配利润 | 60 | – 16 370.58 | |
| 非流动资产合计 | 30 | 7 594.17 | | 所有者权益（或股东权益）合计 | 61 | 483 629.42 | |
| 资产总计 | 31 | 483 709.67 | | 负债和所有者权益（或股东权益）总计 | 62 | 483 709.67 | |

资产负债表中各项目填列方法如下。

（1）根据总账科目的余额填列。

①根据总账科目余额直接填列。递延所得税资产、短期借款、持有待售负债、预计负债、递延收益、递延所得税负债等以及实收资本、资本公积、其他综合收益、盈余公积等直接根据其总账科目余额填列。

②根据几个总账科目余额计算填列。货币资金、其他应付款、未分配利润，按照下面的公式，根据几个总账科目余额计算填列：

货币资金＝库存现金＋银行存款＋其他货币资金

其他应付款＝应付利息＋应付股利＋其他应付款

未分配利润＝本年利润＋利润分配

（2）根据有关科目余额减去其备抵科目余额后的净额填列。备抵科目：坏账准备、累计折旧、固定资产减值准备、累计摊销、无形资产减值准备、存货跌价准备、在建工程减值准备等

①其他应收款＝应收利息＋应收股利＋其他应收款－坏账准备

②固定资产＝固定资产－累计折旧－固定资产减值准备＋固定资产清理

③无形资产＝无形资产－累计摊销－无形资产减值准备

④在建工程＝在建工程－在建工程减值准备＋工程物资－工程物资减值准备

（3）根据明细科目余额计算填列。

①应收账款、预收款项、应付账款、预付款项。填写资产负债表这4个项目时，需要做"重分类"，它调表不调账，即不调整明细账和总账，只调整报表项目余额。具体说来，它根据会计明细科目的期末余额而非总账余额（净值）而定，当资产类往来会计科目期末出现贷方余额时，这时不再是债权而是一种债务，应重新分类到负债类科目；反之，当负债类往来科目期末出现借方余额时，这时不再是一种债务而是一种债权，应重新分类到资产类科目中去。如果不这样进行重分类而直接以总账余额反映到会计报表当中，则不能反映资产负债的本来面目，甚至导致财务指标异常。比如，应收账款某一明细科目期末出现贷方余额，这时应将它重分类到预收账款当中。同理，应付账款某一明细科目期末出现借方余额，这时应将它重分类到预付账款当中。

举例说明：图25-2、图25-3分别是应收账款、预收账款中各两个明细科目的期末余额。

```
应收账款——A                    应收账款——B
  200 │ 100                      100 │ 150
──────┼──────                  ──────┼──────
  100 │                              │  50
```

图 25－2  应收账款

```
预收账款——C                    预收账款——D
  100 │  50                         │ 100
──────┼──────                  ──────┼──────
   50 │                              │ 100
```

图 25－3  预收账款

"应收账款——A"明细科目借方余额反映应收 A 公司的款项。

"应收账款——B"明细科目贷方余额反映多收（预收）B 公司的款项。

"预收账款——C"明细科目借方余额反映应收 C 公司的款项。

"预收账款——D"明细科目贷方余额反映预收 D 公司的款项。

因此，填写"资产负债表"时，应收账款＝"应收账款"所属明细科目借方余额＋"预收账款"所属明细科目借方余额－相应"坏账准备"期末余额（150 万＝A：100 万＋C：50 万）；预收款项＝"预收账款"所属明细科目贷方余额＋"应收账款"所属明细科目贷方余额（150 万＝B：50 万＋D：100 万）。

同样的道理，所以，应付账款＝"应付账款"所属明细科目贷方余额＋"预付账款"所属明细科目贷方余额；预付款项＝"预付账款"所属明细科目借方余额＋"应付账款"所属明细科目借方余额－相应"坏账准备"期末余额。

②开发支出：根据资本化支出明细科目期末余额计算填列。

③应付职工薪酬：根据明细科目期末余额计算填列。

④一年内到期的非流动资产/负债：根据有关非流动资产和非流动负债项目的明细科目余额计算填列。

（4）根据总账科目和明细科目余额分析计算填列。

长期借款＝总账科目余额－所属的明细科目中将于一年内到期且不能将清偿义务展期的长期借款余额（填列到"一年内到期的非流动负债"）

长期待摊费用＝总账科目余额－将于一年内（含一年）摊销的余额（填列到"一年内到期的非流动资产"）

（5）综合运用上述填列方法分析填列。

存货＝原材料＋库存商品＋委托加工物资＋周转材料＋材料采购＋在途物资＋发出商品＋委托代销商品＋生产成本＋材料成本差异（借加，贷减）＋受托代销商品等－存货跌价准备－受托代销商品款－商品进销差价

其他应收款＝应收股利＋应收利息＋其他应收款－坏账准备

"应交税费"项目根据应交税费科目的期末贷方余额填列，如"应交税费"科目期末为借方余额，应以"－"号填列。需要说明的是，"应交税费"科目下的"应交增值税""未交增值税""待抵扣进项税额""待认证进项税额""增值税留抵税额"等明细科目期末借方余额应根据情况，在"其他流动资产"或"其他非流动资产"项目列示；"应交税费——待转销项税额"等科目期末贷方余额应根据情况在"其他流动负债"或"其他非流动负债"项目列示；"应交税费"科目下的"未交增值税""简易计税""转让金融商品应交增值税""代扣代交增值税"等科目期末贷方余额应在"应交税费"项目列示。

按照上述方法，我将北京鑫海商贸有限公司12月的资产负债表填写完毕，填表过程如下。

（1）货币资金：科目余额表中的"库存现金"1 123元与"银行存款"405 907.5元两者相加，填到"资产负债表"的"货币资金"中，金额为407 030.50元。

（2）应收账款：科目余额表中，"应收账款"期末余额为34 400.00元，其明细账显示有两个明细科目，余额均在借方；未启用"预收账款"科目，因此"资产负债表"中的"应收账款"项目应填写34 400元。

（3）预付账款：科目余额表中，"预付账款"期末余额为5 000元，其明细账显示只有一个明细科目，余额在借方；未启用"应付账款"科目，因此"预付账款"项目应填写5 000元。

（4）其他应收款：科目余额表中，"其他应收款"期末余额为6 000元，

其明细账显示有两个明细科目，余额均在借方；未启用"其他应付款"科目，因此"其他应收款"项目应填写 6 000 元。

（5）存货：科目余额表中，"库存商品"期末余额为 23 205 元，应该填到"存货"项目。

（6）固定资产：科目余额表中，"固定资产"期末余额为 7 800 元，"累计折旧"期末余额为 205.83 元，"累计折旧"属于"固定资产"的备抵科目，资产负债表中"固定资产"项目应该填写 7 594.17 元（7 800 元减去 205.83 元）。

（7）应交税费：期末余额表中，"应交税费"期末余额为贷方 -399.75 元。它有三个明细科目："应交增值税"借方余额 480 元、"应交个人所得税"贷方余额 33 元、"应交城市维护建设税"贷方余额 47.25 元。因此，填写资产负债表时，"应交增值税"期末余额填到"其他流动资产"中，"应交个人所得税"和"应交城市维护建设费"两个期末余额相加填到"应交税费"项目中。

（8）实收资本：期末余额表中，"实收资本"期末余额为 500 000 元，应该填写到资产负债表的"实收资本"项目。

（9）未分配利润：结转损益后，"本年利润"期末余额为 -16 370.58 元，这个数字应该填写到资产负债表中的"未分配利润"项目。

### 2. 利润表

利润表（见表 25-2）的填列可以根据各科目的发生额来填列，我很快就把"本期金额"列填写完毕，"本年累计金额"列还需要用到 11 月的数据，我请教刘会计得知，11 月企业属于筹建期，发生了 29 100 元的开办费，全部记入"管理费用——开办费"中。

表 25-5　　　　　　　　　利　润　表

会企 02 表

编制单位：北京鑫海商贸有限公司　　2019 年第 12 期　　　　单位：元

| 项目 | 行次 | 本年累计金额 | 本期金额 |
|---|---|---|---|
| 一、营业收入 | 1 | 87 563.11 | 87 563.11 |
| 减：营业成本 | 2 | 46 995.00 | 46 995.00 |
| 　　税金及附加 | 3 | 176.00 | 176.00 |
| 　　销售费用 | 4 | 14 550.00 | 14 550.00 |

续表

| 项目 | 行次 | 本年累计金额 | 本期金额 |
|---|---|---|---|
| 　　　管理费用 | 5 | 43 835.83 | 14 735.83 |
| 　　　财务费用 | 6 | -312.50 | -312.50 |
| 　　　资产减值损失 | 7 | | |
| 　　加：公允价值变动收益（损失以"-"号填列） | 8 | | |
| 　　　投资收益（损失以"-"号填列） | 9 | | |
| 其中：对联营企业和合营企业的投资收益 | 10 | | |
| 二、营业利润（亏损以"-"号填列） | 11 | 11 418.78 | -17 681.22 |
| 　　加：营业外收入 | 12 | 1 310.64 | 1 310.64 |
| 其中：非流动资产处置利得 | 13 | | |
| 　　减：营业外支出 | 14 | | |
| 其中：非流动资产处置损失 | 15 | | |
| 三、利润总额（亏损总额以"-"号填列） | 16 | -16 370.58 | 12 729.42 |
| 　　减：所得税费用 | 17 | | |
| 四、净利润（净亏损以"-"号填列） | 18 | 12 729.42 | -16 370.58 |
| 五、其他综合收益的税后净额 | 19 | | |
| （一）以后不能重分类进损益的其他综合收益 | 20 | | |
| 1. 重新计量设定收益计划净负债或净资产的变动 | 21 | | |
| 2. 权益法下在被投资单位不能重分类进损益的其他综合收益中享有的份额 | 22 | | |
| （二）以后将重分类进损益的其他综合收益 | 23 | | |
| 1. 权益法下在被投资单位以后将重分类进损益的其他综合收益中享有的份额 | 24 | | |
| 2. 可供出售金融资产公允价值变动损益 | 25 | | |
| 3. 持有至到期投资重分类可供出售金融资产损益 | 26 | | |
| 4. 现金流经套期损益的有效部分 | 27 | | |
| 5. 外币财务报表折算差额 | 28 | | |
| 六、综合收益总额 | 29 | -16 370.58 | 12 729.42 |
| 七、每股收益： | 30 | | |
| （一）基本每股收益 | 31 | | |
| （二）稀释每股收益 | 32 | | |

利润表中各项目填列方法如下。

（1）营业收入：（"主营业务业收入"+"其他业务收入"）科目发生额。

（2）营业成本：（"主营业务业成本"+"其他业务成本"）科目发生额。

（3）税金及附加："税金及附加"科目发生额分析填列。

（4）销售费用："销售费用"科目发生额分析填列。

（5）管理费用："管理费用"科目发生额分析填列。

（6）财务费用："财务费用"科目发生额分析填列。

（7）资产减值损失："资产减值损失"科目发生额分析填列。

（8）公允价值变动收益："公允价值变动损益"科目发生额分析填列，如为损失，则以"－"号填列。

（9）投资收益："投资收益"科目发生额分析填列，如为投资损失，则以"－"号填列。

（10）营业利润：营业利润＝营业收入－营业成本－税金及附加－销售费用－管理费用－财务费用－信用减值损失－资产减值损失＋公允价值变动收益（－公允价值变动损失）+投资收益（－投资损失）+其他收益＋资产处置收益（－资产处置损失）。

（11）营业外收入："营业外收入"科目发生额分析填列。

（12）营业外支出："营业外支出"科目发生额分析填列。

（13）利润总额：利润总额＝营业利润＋营业外收入－营业外支出，如为亏损，则以"－"号填列。

（14）所得税费用："所得税费用"科目的发生额分析填列。

（15）净利润：净利润＝利润总额－所得税费用，如为亏损，则以"－"号填列。

（16）综合收益总额：综合收益总额＝净利润＋其他综合收益（税后净额）。

按照上述方法，我将北京鑫海商贸有限公司12月的利润表"本期金额"填写完毕，填表过程如下。

（1）营业收入：科目余额表中，"主营业务收入"贷方发生额为87 563.11元，填写到"营业收入"中，"本年累计金额"与"本期金额"相等，均是87 563.11元。

（2）营业成本：科目余额表中，"主营业务成本"借方发生额为46 995.00

元，填写到"营业成本"中，"本年累计金额"与"本期金额"相等，均是 46 995.00 元。

（3）税金及附加：科目余额表中，"税金及附加"借方发生额为 176 元，填写到"税金及附加"中，"本年累计金额"与"本期金额"相等，均是 176 元。

（4）销售费用：科目余额表中，"销售费用"借方发生额为 14 550.00 元，填写到"销售费用"中，"本年累计金额"与"本期金额"相等，均是 14 550.00 元。

（5）管理费用：12 月科目余额表中，"管理费用"借方发生额为 14 735.83 元，填写到"管理费用"的"本期金额"中；11 月"管理费用"中列支了 29 100 元的开办费，因此"本年累计金额"中，应该填写 43 835.83 元（14 735.83 + 29 100）。

（6）财务费用：科目余额表中，"财务费用"发生额为 -312.5 元，填写到"财务费用"中，"本年累计金额"与"本期金额"相等，均是 -312.5 元。

（7）营业利润：根据公式计算填列。

（8）营业外收入：科目余额表中，"营业外收入"发生额为 1 310.64 元，填写到"营业外收入"中，"本年累计金额"与"本期金额"相等，均是 1 310.64 元。

（9）利润总额：根据公式计算填列。

（10）净利润：根据公式计算填列。

（11）综合收益总额：根据公式计算填列。

### 3. 报表检查

将"资产负债表"和"利润表"填写完成后，我先将填写过程复核一遍，然后检查"资产负债表"和"利润表"的勾稽关系是否正确。它们的关系主要体现在：本期资产负债表"未分配利润" - 上期"未分配利润" = 本期利润表"净利润"。因为现在是编制 12 月的报表，所以 12 月"资产负债表"中"未分配利润"的"期末余额"减去"年初余额"应该等于 12 月"利润表"中"净利润"的"本年累计金额"。我把数据代入，发现是相等的，这样说明"资产负债表"和"利润表"的逻辑关系是正确的。

**4. 年末结转"本年利润"**

在 1 月至 11 月,编制财务报表时,做完报表检查后就可以结账了。但是在 12 月,还需要将"本年利润"的期末余额转入"利润分配——未分配利润",结转后,"本年利润"期末余额为零。会计分录入如下:

借:本年利润　　　　　　　　　　　　　　－16 370.58
　　贷:利润分配——未分配利润　　　　　　　－16 370.58

结转后,"利润分配——未分配利润"贷方 －16 370.58,说明企业累计亏损 16 370.58 元。

# 第26章　告别手工账，财务软件学起来

我按照李主管的安排通过手工账的方式将北京鑫海商贸有限公司的账全部做完，并且出具了报表。但是原来刘会计是用财务软件做账的，我很好奇财务软件是什么样子，这对我来说还是一个陌生的事物。

"小白，手工账做完了吗？"李主管问道。

"做完了，接下来我是不是该学习财务软件做账了？"听说使用财务软件只要把凭证做完，账簿、报表就全部出来了，比手工账快多了。

"咱们公司财务软件维护由王会计负责，我让王会计教你财务软件的使用，王会计很忙，只教你一遍，你要好好听。"

李主管把我带到王会计那里，交代完毕后就去工作了。王会计也是一个工作认真、负责的人。

"你用过财务软件吗？"王会计问道。

"没有，上学时老师说过现在做账几乎都用财务软件了，大大提高了工作效率，但是从来没有接触过，一点也不懂。"

"那会计每月的工作流程，你知道吗？"

"知道。"我翻到笔记本上的一张流程图（见图26-1），"每月会计工作是从会计凭证开始的，确切地说是从原始凭证开始……"

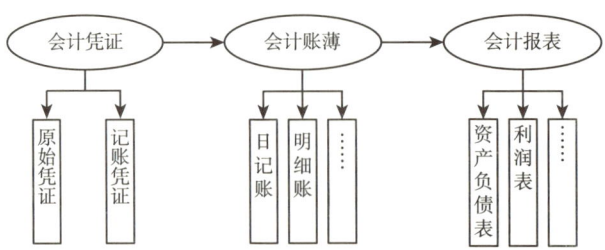

图26-1　会计工作的流程

"原始凭证是哪里来的?"

"是业务人员提供的,需要经过领导签字同意才行,否则不能入账。"我想起了李主管讲的,"会计根据原始凭证填制记账凭证,然后根据记账凭证登记账簿,最后根据账簿出具会计报表。"

"对,看来理论部分学得还挺扎实的。其实财务软件操作的顺序也是这样的,只是把凭证录入财务软件中,而且使用财务软件时,会计账簿、会计报表能够自动计算,提高了效率。我先给你看一个财务软件使用的流程图(见图26-2)。每个月我们操作软件时,都是这样一个操作流程。"王会计边说边拿出一个笔记本。

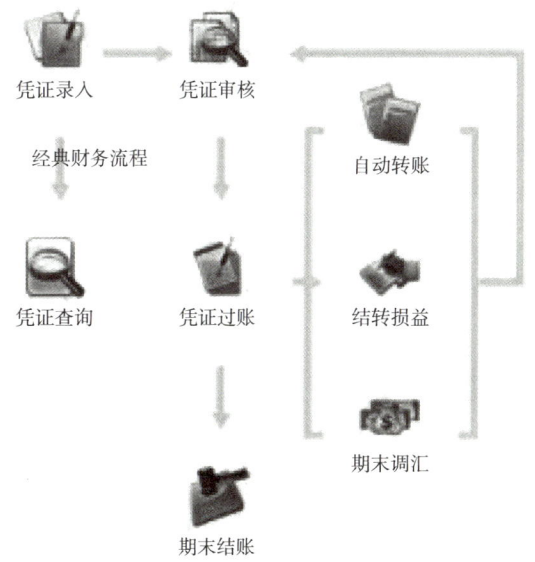

图 26-2  财务软件的操作流程

看来会计都喜欢做笔记啊,李主管也有一个笔记本。王会计翻出了一个流程图,我赶紧把流程图抄下来。

"每月我们做账时,第一步就是把凭证录入软件中,这一步也叫填制记账凭证,怎么填制记账凭证你会吧?"王会计边讲解还边出题考我。

我把之前李主管教给我的填制记账凭证、报销单据等知识给王会计讲解了一遍。

"手工填制记账凭证时,要填的内容比较复杂,从财务软件录入凭证相对简单一点,凭证日期是自动带出的,当然也可以修改;会计科目直接选择就行；借方合计、贷方合计、大写会自动计算，是不是省事很多？"王会计边讲边在财务软件页面上录入了一张凭证，原来在财务软件中一张凭证可以有很多行，操作时还可以增行、减行，而且还可以通过键盘快捷键来操作，王会计在键盘上运指如飞，不到一分钟就可以录完一张凭证。

我看她录完一张凭证后，点击"新增"页面又出现一张空白的凭证，那之前录入的凭证怎么查询呢？

"你看这样录入凭证是不是很快啊？而且查询凭证也很方便。在进入'新增凭证'的页面上有一个'查看凭证'，在里面就能查到所有的凭证，从1号凭证开始逐渐排的，而且如果凭证中间有断号还会提示。"

"那如果我原来录入了5张凭证，后来想在前面加一张凭证，怎么做啊？"

"可以啊，支持凭证号修改；如果原来录入的凭证不想要了，还可以删除呢。"

看来在财务软件中输入凭证确实可以提高效率。凭证增、删、改、查都很方便。

"录完凭证后之后，还需要一个审核人员把凭证审核一下，咱们公司是这种设置，为了保证会计工作质量。有的企业规模特别小，一个人完成所有的会计工作，'审核'也就没什么意义了。"

看来财务软件的设置也挺人性化。

"凭证做完之后，有的财务软件就自动记账、自动生成报表了。像传统的用友T3、金蝶KIS还需要人工点'记账'才可以完成记账。"

"财务软件也分多种吗？"我好奇地问道。

"当然，手机都有很多厂家（品牌），一个品牌又有多个型号，财务软件也是。用友、金蝶、浪潮、远光等这都是传统的财务软件商家，每个商家下面又有多种财务软件。另外，这几年也兴起了很多云版的财务软件：好会计、精斗云、慧算账……"

"那传统的财务软件与云版的财务软件有什么区别啊？"

"传统的财务软件是需要安装到某一台电脑上的，会计只能在这一台电脑上做账，会计做的凭证是存在这台电脑上面的，如果这台电脑坏了或者会计不在办公室就无法工作了；而云版的财务软件，只需要打开浏览器登录会计账号就能工作，凭证存在云上，会计只要能上网，在哪里都能工作。"

"哦，那云版的财务软件更灵活了？"

## 第 26 章　告别手工账，财务软件学起来

"是的，但是各有利弊吧，云版的财务软件是方便了，但是企业的数据，财务软件厂家都掌握了，在使用软件时就会有很多广告。而且有的广告还是根据大数据计算精准推送，基本符合你的品味。就跟抖音一样，我妈妈爱跳广场舞，所以打开她的抖音全是广场舞的小视频，而我的抖音没有广场舞的视频。你是不是经常接到骚扰电话？"

"是的，经常接到骚扰电话。我前几天报考了初级职称考试，最近接到很多考试辅导的电话。"

"是的，'大数据'一方面带来了方便，另外也带来了安全隐患，像今年新闻中报道的'杀猪盘'诈骗。"

我似懂非懂地点点头。

"我们接着讲，会计做完凭证后，如果查看账簿、报表都没有问题，就可以结账了。在财务软件中，结账就是一个'按钮'，点一下就可以了。结账之后，这月的凭证就只能查询了，不能新增、修改、删除，当然想改的话，还可以'反结账'。"

"哦，还挺复杂的。"

"你玩手机觉得复杂吗？"

"不复杂啊，玩手机特别简单、容易。"现在谁不会玩个手机啊。

"只要会玩手机，就会用财务软件，比玩游戏升级打怪容易多了。"王会计说，"初学会计的人员不会操作财务软件，根本原因是会计知识不扎实。"

她这话显然是在说我，谁让我刚入这一行，还是会计小白哪。我心里有点不舒服，可是我不知道如何反驳她。突然脑海中浮现出《乱世佳人》中的一个片段，因为挨饿，斯佳丽在草地上狼吞虎咽吃起了菜根，然后发誓说：上帝为我作证，我会克服这些困难，我会度过难关，而且不再挨饿，我家的任何人也一样，即使我要撒谎、偷窃、欺骗甚至杀人。我没有斯佳丽那胆识，不过凭着我玩手机的水平，学个财务软件肯定能学会。

# 第 27 章　光说不练假把式，软件操作练起来

王会计让我自己在网上注册一个财务软件，在里面练习操作。她不肯给我开通北京鑫海商贸有限公司账套的操作权限，理由让我很无语，担心我把公司的账套搞坏了！这不是歧视吗？我心里特别不爽，难道财务软件这么脆弱，我进去做几张凭证就能把公司账套搞坏了？！但又不好发作，我自己在网上搜索财务软件，花了一个多小时，一点头绪都没有。

中午我没有出去吃饭，在美团上叫了一份外卖。互联网大大方便了我们的生活。微信现在发语音都能转成文字，不必打字了，什么时候会计也能用语音做账就好了。午饭后我逛了会儿万能的淘宝，发现上面很多卖财务软件的，用友破解版、金蝶破解版……商家很多，而且还很便宜，10 来块钱就能买到。我寻思要不就买一个。

"小白，找到练习用的财务软件了吗？"下午刚上班，王会计就问我。

"还没有，我输入'财务软件'出来很多页面，我有选择恐惧症，不知道哪个合适。我看淘宝上有很多 10 块钱左右的，我正在跟商家聊哪，寻思着买一个吧。"

"练习使用，主要是熟悉软件做账流程。你不要花钱买了，我之前注册了一个免费试用的财务软件——好会计，是用友旗下的一款软件。使用里面的演示账套练习就行。"王会计在我电脑上，把她的账号、密码输入，"大胆操作就行，按照我教给你的流程，哪里不会了，就过来问我。"

我跟眼前的页面"对视"很久，然后就在页面上点击起来。操作了一会儿，发现跟我用的电脑版淘宝、百度网盘也都差不多。我边摸索边问王会计，经过一个下午的练习基本会使用了。

登录软件后，菜单在左边（见图 27 - 1），点击左边菜单即可进行相应的操作。这个软件提供的功能比较多，但是对于我们初学者来说，只需要使用

"凭证""期末结转""账簿""报表""设置"就可以了,这部分功能统称为"总账",就是实现从录入凭证到出具会计报表的功能。"总账"功能最为复杂,只要把这部分掌握,其他功能操作起来就非常简单了。而且这些功能所有财务软件都有,经过了这么多年的发展也很成熟了,基本可以放心使用。至于"工资""发票""税务""固定资产"等功能(有的财务软件还有"出纳""资金管理""进销存"),都是围绕着"总账"展开的,数据最终都要汇到"总账"中,就像一个企业里面有销售部、采购部、行政部、人力部等很多部门,但是只要涉及钱的,最终的数据都会给财务部,需要财务部进行记账、出具报表。

图27-1 "好会计"登录页面

## 一、凭证

### 1. 新增凭证

鼠标滑动到左侧菜单"凭证"后面出现4个子菜单,选择第一个"新增凭证",点开新增凭证页面,在此页面即可输入一张完整的凭证(见图27-2)。

(1)凭证字号:"好会计"中凭证均为通用记账凭证(见图27-3);凭证号自动从当月1号开始累加。

(2)凭证日期:自动显示现有凭证日期之后的日期,可以修改。

(3)附单据数:根据实际附件数量填写,不填写时,默认为0。

(4)摘要。

图 27-2 新增凭证页面

图 27-3 通用记账凭证

①直接录入,如图 27-4 所示。

图 27-4 凭证摘要录入

②搜索选择摘要：在摘要栏内，录入一个或几个关键字检索，弹出下拉摘要列表，显示已录入的相关摘要，可以选择使用，如图 27-5 所示。

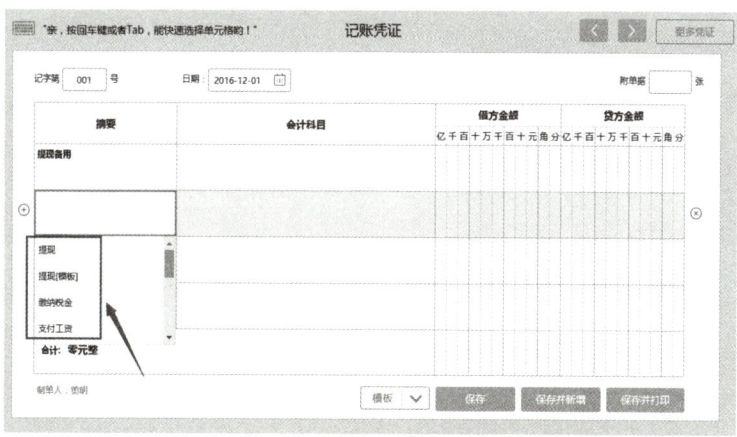

图 27-5　凭证摘要搜索选择

（5）会计科目。

①直接录入科目编码，如图 27-6 所示。

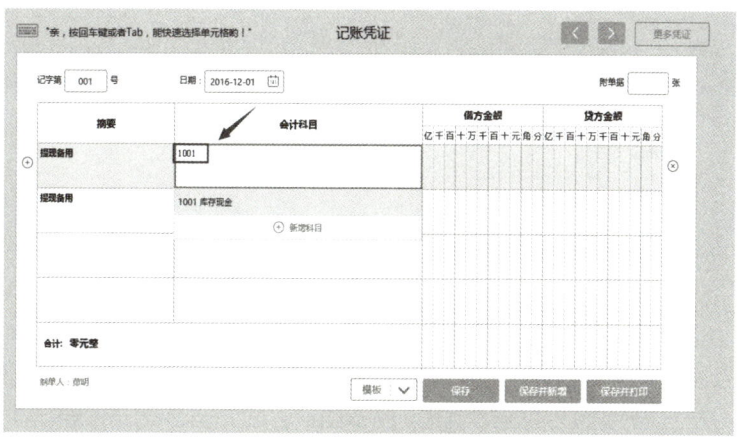

图 27-6　凭证会计科目编号录入

②直接录入科目中文名称，如图 27-7 所示。

③在科目参照列表中选取，点击"会计科目"栏，在下拉菜单中查找适用科目后选取，如图 27-8 所示。

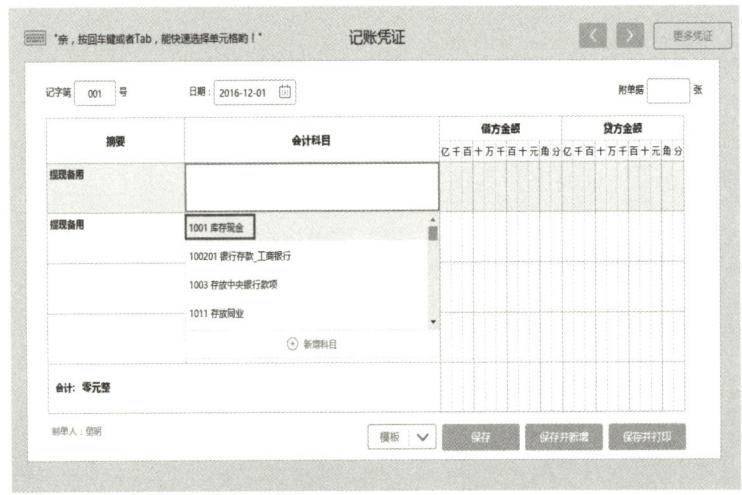

图27-7 凭证会计科目中文名称录入

图27-8 凭证会计科目列表选取

④若通过以上三种方法,在科目列表中均无法查找到,则可点击科目列表下端的"新增科目"按钮,如图27-9所示。

打开"新增科目"窗口,如图27-10所示。

根据需要在对应栏次填写相应信息,如图27-11所示。

(6)录入金额。

提示:在会计科目选定后,在该科目下方会即时显示该会计科目当前最新的余额(红字表示负数),如图27-12所示。

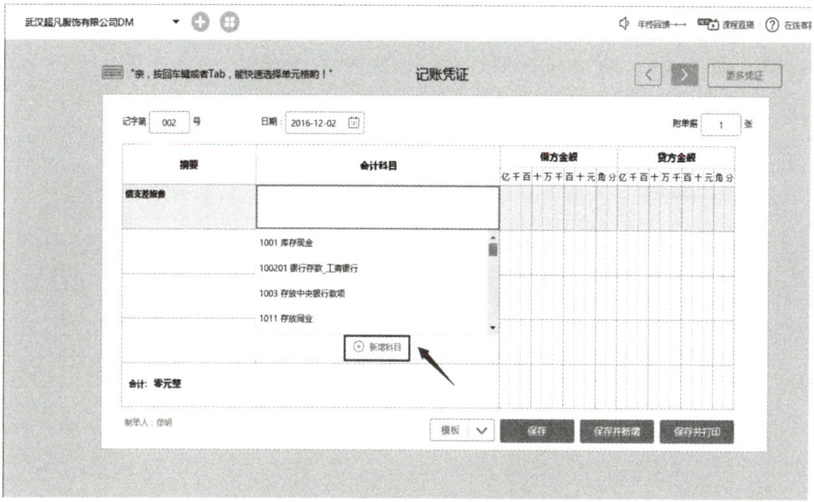

第27章 光说不练假把式，软件操作练起来

图 27-9 凭证会计科目新增

图 27-10 新增科目页面

图 27-11 新增科目录入

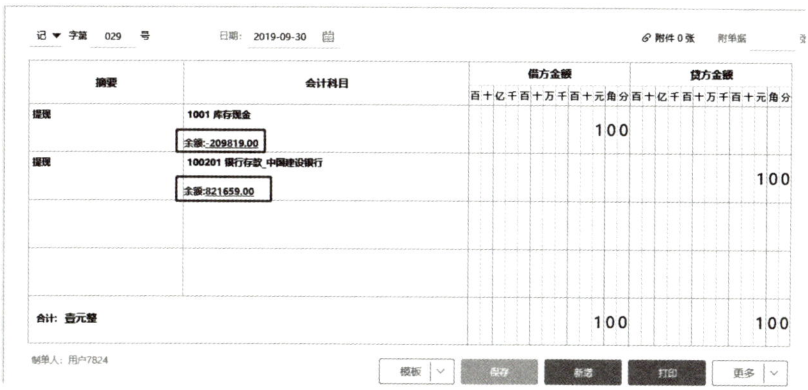

图 27-12 凭证金额录入

输入最后一行金额时，系统会根据借方和贷方的差额，自动计算此行科目的金额。如果借、贷方向不符，可按空格键调整借、贷方向。红字金额应以金额前加负号"－"形式录入，如图27-13所示。

图 27-13　凭证红字金额录入

输入负数金额后，凭证将负数金额显示为红色，如图 27-14 所示，但打印时仍将红字金额打印为负数金额。

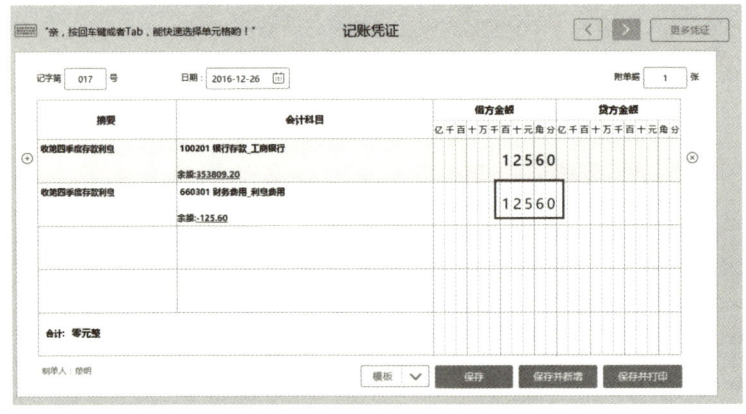

图 27-14　凭证红字金额显示

使用财务软件做账，当凭证填制完毕后，就能自动生成账簿、报表，会计人员直接查看就行，方便很多。但是，这样也对财务软件的要求比较高，如果软件存在 bug 或问题，可能出来的账簿、报表都是错误的。而且数据量大时，会计人员通过手工计算发现不了。所以在为企业挑选正式做账的财务软件时,还是要慎重,市面上有很多号称永久免费的财务软件,实际上数据安全性是一个问题,另外"免费往往最贵"。

**2. 查看凭证**

点击"凭证"下"查看凭证"(见图 27-15)或"记账凭证"右上角"更多凭证"(见图 27-16)。

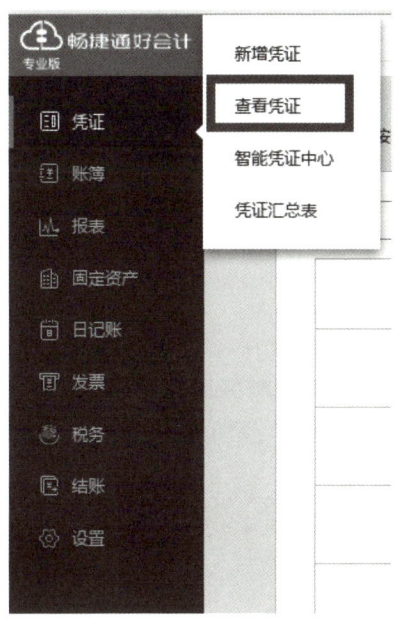

图 27-15 菜单栏查看凭证

图 27-16 "更多凭证"查看凭证

鼠标滑过凭证，右上角会出现"修改""删除""插入""打印""审核"按钮（见图 27 – 17），点击按钮进行相关操作。

图 27 – 17　凭证列表

### 3. 智能凭证中心

这个功能是根据发票、日记账数据自动生成凭证，属于最近几年兴起的"财务机器人""业财税一体化"的功能，这个功能就类似于现在的"新能源汽车"，不建议初学者使用。

### 4. 凭证汇总表

"凭证汇总表"功能可以查看各个月份的一级科目借贷方的发生额。点击"凭证"下"凭证汇总表"，如图 27 – 18 所示。

图 27 – 18　凭证汇总表页面

## 二、账簿

"好会计"的账簿包括总账、明细账、余额表、序时账、多栏账、辅助核算明细账、辅助核算余额表（见图27-19）。这些账簿数据都是根据凭证自动生成的，不能直接进行修改。

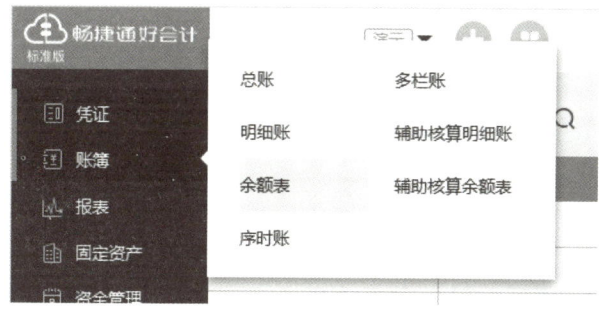

图27-19 账簿页页

（1）总账，如图27-20所示。

图27-20 总账页面

（2）明细账，如图27-21所示。

图27-21 明细账页面

(3)余额表,如图 27-22 所示。

图 27-22 余额表页面

(4)序时账,如图 27-23 所示。

图 27-23 序时账页面

(5)多栏账,如图 27-24 所示。

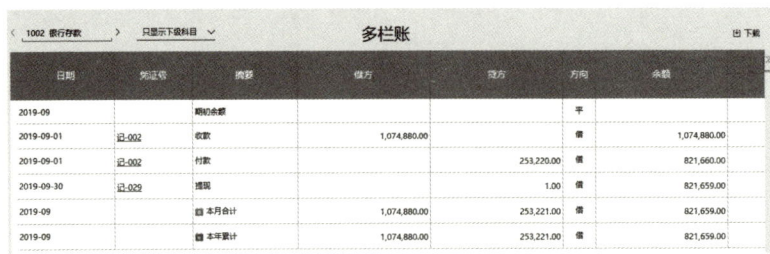

图 27-24 多栏账页面

(6)辅助核算明细账,如图 27-25 所示。当启用"辅助核算"并且有发生额时,才显示,否则出来的是空表。

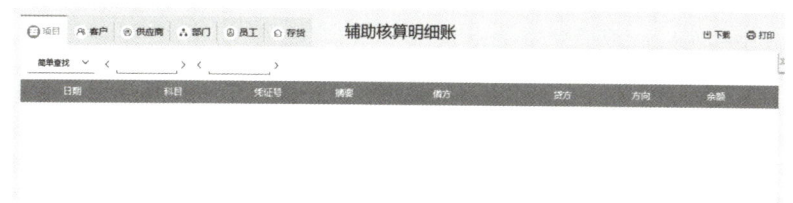

图 27 – 25　辅助核算明细账页面

（7）辅助核算余额表，如图 27 – 26 所示。当启用"辅助核算"并且有发生额或余额时，才显示，否则出来的是空表。

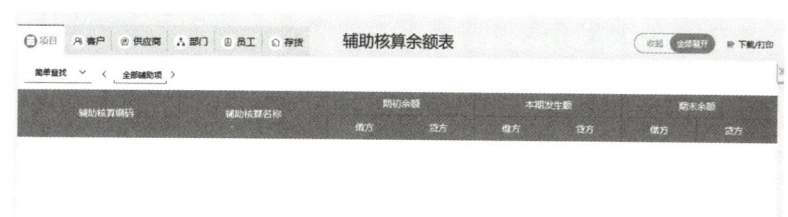

图 27 – 26　辅助核算余额表页面

## 三、报表

"好会计"报表均是自动计算，系统中提供的报表包括资产负债表、利润表、利润表季报、现金流量表、现金流量表季报、应收统计表、应付统计表、费用统计表、经营状况表（见图 27 – 27）。

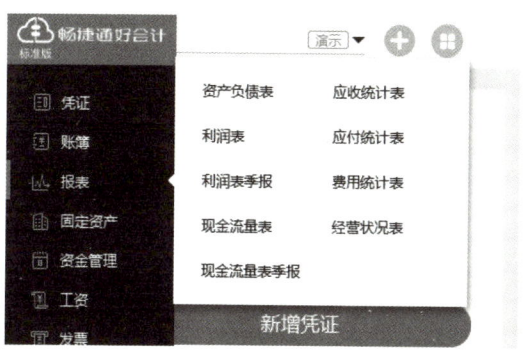

图 27 – 27　报表页面

## 1. 资产负债表

资产负债表提示“不平衡”时，此时无法结账（见图 27－27）。资产负债表不平的原因通常有 3 个：（1）未结转损益，损益类科目还有余额；（2）期初试算不平衡；（3）报表公式不正确。

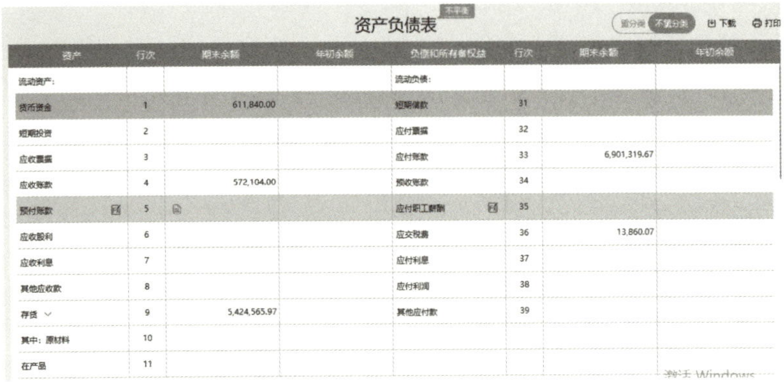
资产负债表 不平衡 重分类 不重分类 下载 打印

| 资产 | 行次 | 期末余额 | 年初余额 | 负债和所有者权益 | 行次 | 期末余额 | 年初余额 |
|---|---|---|---|---|---|---|---|
| 流动资产: | | | | 流动负债: | | | |
| 货币资金 | 1 | 611,840.00 | | 短期借款 | 31 | | |
| 短期投资 | 2 | | | 应付票据 | 32 | | |
| 应收票据 | 3 | | | 应付账款 | 33 | 6,901,319.67 | |
| 应收账款 | 4 | 572,104.00 | | 预收账款 | 34 | | |
| 预付账款 | 5 | | | 应付职工薪酬 | 35 | | |
| 应收股利 | 6 | | | 应交税费 | 36 | 13,860.07 | |
| 应收利息 | 7 | | | 应付利息 | 37 | | |
| 其他应收款 | 8 | | | 应付利润 | 38 | | |
| 存货 | 9 | 5,424,565.97 | | 其他应付款 | 39 | | |
| 其中：原材料 | 10 | | | | | | |
| 在产品 | 11 | | | | | | |

图 27－28　资产负债表显示“不平衡”

报表上每个项目的公式都可以编辑，如图 27－29、图 27－30 所示。

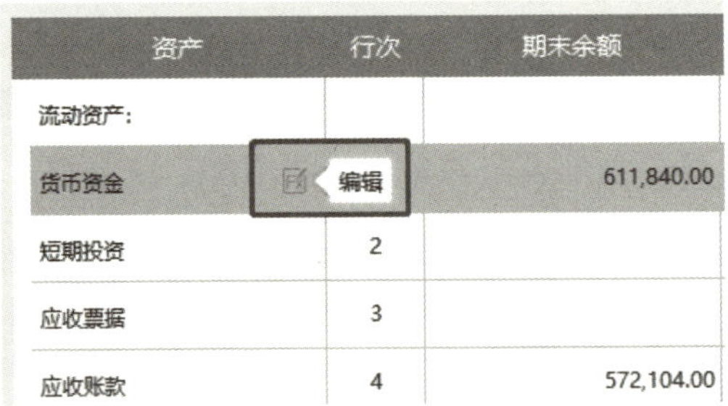

| 资产 | 行次 | 期末余额 |
|---|---|---|
| 流动资产: | | |
| 货币资金 | 编辑 | 611,840.00 |
| 短期投资 | 2 | |
| 应收票据 | 3 | |
| 应收账款 | 4 | 572,104.00 |

图 27－29　报表项目编辑

“好会计”的资产负债表支出有“重分类”和“不重分类”两种计算方法，如图 27－31 所示。

（1）“重分类”的取数方法为：

①应收账款按明细科目的余额取数，如果余额在贷方，则算入预收账款。

②预收账款按明细科目的余额取数，如果余额在借方，则算入应收账款。

图 27 – 30　报表项目编辑公式

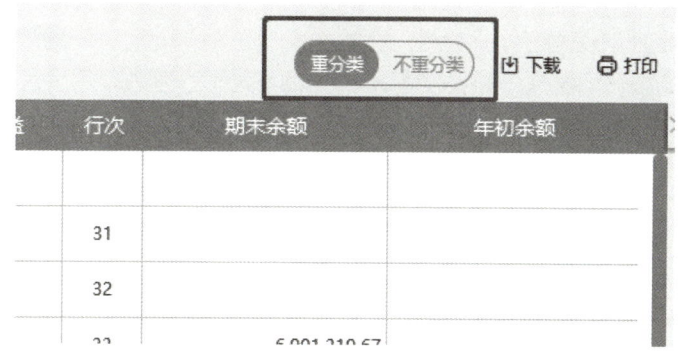

图 27 – 31　资产负债表支出计算方法

③其他应收款按明细科目的余额取数，如果余额在贷方，则算入其他应付款。

④应付账款按明细科目的余额取数，如果余额在借方，则算入预付账款。

⑤预付账款按明细科目的余额取数，如果余额在贷方，则算入应付账款。

⑥其他应付款按明细科目的余额取数，如果余额在借方，则算入其他应收款。

（2）不重分类的取数方法：以上几项直接按一级科目余额取数，与一些传统财务软件（用友 U8、T3，金蝶 KIS 等）的报表编制方式口径一致。

## 2. 利润表

当"未结转损益"时，利润表会有提醒。报表样式，如图 27 – 32 所示。利润表公式也可以编辑（见图 27 – 33），方法同"资产负债表"。

图27-32 利润表"未结转损益"

图27-33 利润表编辑公式

利润表也可以查看报表公式,如图27-34所示。

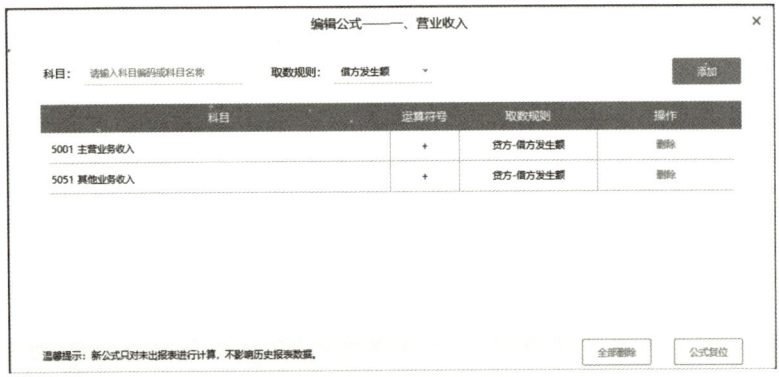

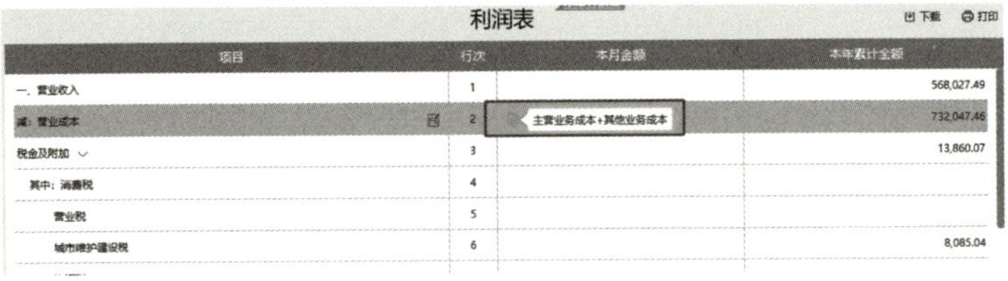

图27-34 利润表报表公式查看

**3. 利润表季报**

为方便季度利润表的编制和查阅,以季度方式生成利润表,方便企业报税需求。"好会计"还提供了"利润表季报"窗口,如图27-35所示。

利润表季报

下载　打印

| 项目 | 行次 | 本年累计 | 第一季度 | 第二季度 | 第三季度 | 第四季度 |
|---|---|---|---|---|---|---|
| 一、营业收入 | 1 | 568,027.49 | | | 568,027.49 | |
| 减：营业成本 | 2 | 732,047.46 | | | 732,047.46 | |
| 税金及附加 | 3 | 13,860.07 | | | 13,860.07 | |
| 其中：消费税 | 4 | | | | | |
| 营业税 | 5 | | | | | |
| 城市维护建设税 | 6 | 8,085.04 | | | 8,085.04 | |
| 资源税 | 7 | | | | | |
| 土地增值税 | 8 | | | | | |
| 城镇土地使用税、房产税、车船税、印花税 | 9 | | | | | |
| 教育费附加、矿产资源补偿费、排污费 | 10 | 5,775.03 | | | 5,775.03 | |
| 销售费用 | 11 | 10,000.00 | | | 10,000.00 | |

图 27 – 35　利润表季报页面

注：季报公式不可以修改，季报公式与利润表一致。

## 4. 现金流量表（见图 27 – 36）

现金流量表

明细　下载　打印

| 项目 | 行次 | 本月金额 | 本年累计金额 |
|---|---|---|---|
| 一、经营活动产生的现金流量： | | | |
| 销售产成品、商品、提供劳务收到的现金 | 1 | | 74,880.00 |
| 收到其他与经营活动有关的现金 | 2 | | |
| 购买原材料、商品、接受劳务支付的现金 | 3 | | 177,840.00 |
| 支付的职工薪酬 | 4 | | 152,000.00 |
| 支付的税费 | 5 | | 123,200.00 |
| 支付其他与经营活动有关的现金 | 6 | | 10,000.00 |
| 经营活动产生的现金流量净额 | 7 | | -388,160.00 |
| 二、投资活动产生的现金流量： | | | |
| 收回短期投资、长期债券投资和长期股权投资收到的现金 | 8 | | |
| 取得投资收益收到的现金 | 9 | | |
| 处置固定资产、无形资产和其他非流动资产收回的现金净额 | 10 | | |

图 27 – 36　现金流量表页面

## 5. 现金流量表季报

为方便季报，提供了“现金流量表季报”窗口，如图 27 – 37 所示。

现金流量表季报

下载　打印

| 项目 | 行次 | 本年累计 | 第一季度 | 第二季度 | 第三季度 | 第四季度 |
|---|---|---|---|---|---|---|
| 一、经营活动产生的现金流量： | | | | | | |
| 销售产成品、商品、提供劳务收到的现金 | 1 | 74,880.00 | | | 74,880.00 | |
| 收到其他与经营活动有关的现金 | 2 | | | | | |
| 购买原材料、商品、接受劳务支付的现金 | 3 | 177,840.00 | | | 177,840.00 | |
| 支付的职工薪酬 | 4 | 152,000.00 | | | 152,000.00 | |
| 支付的税费 | 5 | 123,200.00 | | | 123,200.00 | |
| 支付其他与经营活动有关的现金 | 6 | 10,000.00 | | | 10,000.00 | |
| 经营活动产生的现金流量净额 | 7 | -388,160.00 | | | -388,160.00 | |
| 二、投资活动产生的现金流量： | | | | | | |
| 收回短期投资、长期债券投资和长期股权投资收到的现金 | 8 | | | | | |
| 取得投资收益收到的现金 | 9 | | | | | |

图 27 – 37　现金流量表季报页面

### 6. 应收统计表、应付统计表、费用统计表、经营状况表

这 4 张报表属于企业管理用报表，如果需要可以直接使用。另外，企业管理中用到的各类报表完全可以从账上查出来。

## 四、结账

### 1. 期末结转

期末结账前，会计人员要做一些期末处理凭证来结转成本、计提税金等，可以通过"期末结转"（见图 27-38）实现，并且可以根据当月已填写凭证自动计算带出相关数据。如果觉得计算不正确，可以修改（见图 27-39）。

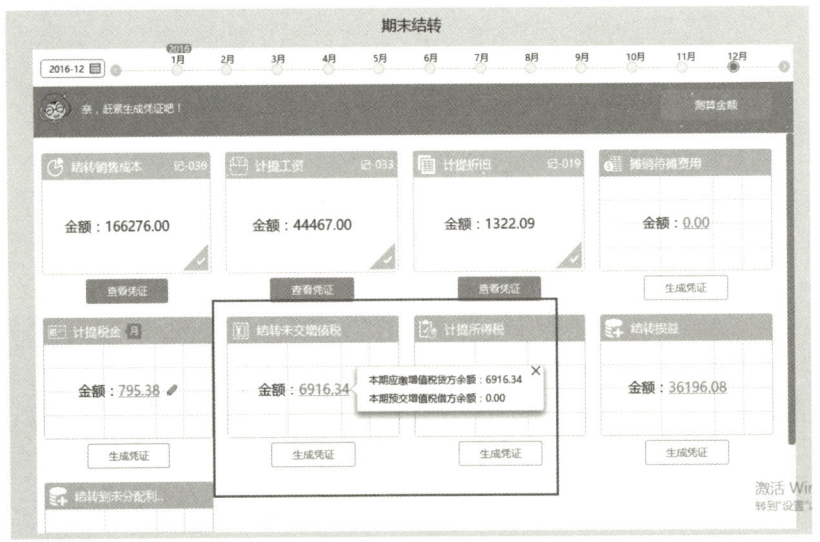

图 27-38　期末结转页面

这部分功能的本质是为了让会计人员方便新增凭证。会计人员也可以不使用这部分功能，直接在"凭证"——"新增凭证"页面录入记账凭证。

# 第27章 光说不练假把式,软件操作练起来

图 27-39 期末结转记账凭证

**2. 结账**

(1)结转损益。"好会计"可以自动实现损益结转,将当月损益类科目结转到"本年利润"科目,结转后损益类科目余额为0。结转损益后,查看财务报表时,报表数据是正确的;当未结转损益时,会导致"资产负债表"不平,如图27-40所示。

图 27-40 未结转损益的"不平衡"资产负债表

(2)结转本年利润。12月,结转损益后,还需要结转"本年利润",目的是算出企业累计未分配利润,为后续利润分配打下基础。这笔凭证一年只在12月做一次,1月至11月均不用做。该凭证,"好会计"软件可以自动计算(见图27-41)。

图 27–41　结转本年利润记账凭证

（3）结账。本月账务处理全部做完后，即可按照软件提示完成"结账"。结账之后，本月所有凭证只能查看，不能修改、删除、新增。

（4）反结账。结账后，若发现有凭证需要修改，可以"反结账"。反结账后，凭证可以新增、修改、删除。在实务工作中，如果已经将凭证打印、归档，不建议使用"反结账"修改以前期间的凭证。建议按照更正错账的方法进行调账。

# 第 28 章　会计工作，平凡与优秀的差别

经过一下午的财务软件操作练习，我基本上掌握了财务软件做账的流程。王会计给我开通了北京鑫海商贸有限公司的操作权限后，我不到 1 小时候就把 12 月的账做完了。核对一下财务报表，跟我手工账下做的一模一样，我终于可以松口气了。

我找李主管审核我的工作结果，"以后你不用再做手工账了，直接使用财务软件做账就可以了，因为你是会计小白，做一遍手工账有利于你学习理解。财务软件只是一个工具，核心还是你自己。生产力决定生产关系，而人是最主要的生产力。"

"那我这是出师了吗？"

"出师了，崔总都让你独当一面了。"李主管笑着说。

被领导肯定，我心里别提多高兴了。而且我也明白了为什么好多公司招聘会计时要求会编制财务报表，尽管使用财务软件做账时，做完会计凭证后，财务报表已经自动生成了。因为财务软件只是一个工具，它帮助我们提高了工作效率、节约了工作时间，但是，软件是由人来操作的，所以，会计人员必须清楚从凭证到报表编制的每一个细节。如果把每月编制的财务报表作为财务人员上交的试卷，纯粹依靠软件、不懂财务报表编制的人能得多少分呢？肯定不如精通每一个数据来龙去脉的会计。

"从做的凭证上就能看出你是会计新人。"

李主管这话说得我云里雾里的，我确实是会计新人，但是我做的记账凭证中并没写着"会计新人"四个字啊。

"第 1 张凭证：现金支付购置税控设备并支付税务维护费用 480 元，抵减增值税时，贷记'管理费用'这一看就是新手会计做的。"李主管在纸上简单列出了两个表（见表 28-1、表 28-2）。

**表 28-1**                  **管理费用明细账**

科目：管理费用——办公费                             单位：元

| 凭证字号 | 科目名称 | 摘要 | 借方 | 贷方 | 方向 | 余额 |
|---|---|---|---|---|---|---|
|  | 管理费用——办公费 | 期初余额 |  |  | 平 |  |
| 记-1 | 管理费用——办公费 | 购买税控盘及支付一年服务费 | 480.00 |  | 借 | 480.00 |
| 记-1 | 管理费用——办公费 | 税控设备费抵减税款 |  | 480.00 | 平 |  |
| 记-2 | 管理费用——办公费 | 安装固话费用 | 200.00 |  | 借 | 200.00 |
| 记-16 | 管理费用——办公费 | 支付电话费 | 300.00 |  | 借 | 500.00 |
| 记-30 | 管理费用——办公费 | 第12期 结转损益 |  | 500.00 | 平 |  |
|  | 管理费用——办公费 | 本期合计 | 980.00 | 980.00 | 平 |  |
|  | 管理费用——办公费 | 本年累计 | 980.00 | 980.00 | 平 |  |

**表 28-2**                  **管理费用明细账**

科目：管理费用——办公费                             单位：元

| 凭证字号 | 科目名称 | 摘要 | 借方 | 贷方 | 方向 | 余额 |
|---|---|---|---|---|---|---|
|  | 管理费用——办公费 | 期初余额 |  |  | 平 |  |
| 记-1 | 管理费用——办公费 | 购买税控盘及支付一年服务费 | 480.00 |  | 借 | 480.00 |
| 记-1 | 管理费用——办公费 | 税控设备费抵减税款 | -480.00 |  | 平 |  |
| 记-2 | 管理费用——办公费 | 安装固话费用 | 200.00 |  | 借 | 200.00 |
| 记-16 | 管理费用——办公费 | 支付电话费 | 300.00 |  | 借 | 500.00 |
| 记-30 | 管理费用——办公费 | 第12期 结转损益 |  | 500.00 | 平 |  |
|  | 管理费用——办公费 | 本期合计 | 500.00 | 500.00 | 平 |  |
|  | 管理费用——办公费 | 本年累计 | 500.00 | 500.00 | 平 |  |

"两种方式下，管理费用的'本期合计''本年累计'不一样，贷记管理费用时，合计数要大。"

"是的，贷记管理费用会导致你以后查询数据时，查出来的数据不正确。老板问今年发生了多少管理费用，你从账上查'本期合计'或'本年累计'，借记管理费用时查出的数据是正确的。"

李主管这番话说得我心服口服，难怪说会计最重要的是实操能力。

"第3张凭证，购进皮包价税合计58 500元的会计分录也需要改进，你自己先体会一下。"

第 3 张凭证，购进皮包并且已经银行付款，所以我的会计分录是：

借：库存商品　　　　　　　　　　　　　　　58 500
　　贷：银行存款——工商银行　　　　　　　　58 500

皮包作为"库存商品"，购进后，"库存商品"增加，所以记借方；因为银行已经付款，而公司开户银行是"工商银行"，所以贷记"银行存款——工商银行"，我的会计分录完全正确，没有任何问题啊。

"我的会计分录完全正确啊，我在备考初级，教材上也是这么写的。"我解释道。

"没有说你做错了，只是还可以考虑公司的实际业务情况，做得更好。如果老板让你查，今年进货多少，你这种会计分录能查出来吗？"李主管接着说，"北京鑫海商贸有限公司的供应商只有一家，所以你可以通过'应付账款'来核算，方便数据查询。"

我将修改后的会计分录写了出来：

借：库存商品　　　　　　　　　　　　　　　58 500
　　贷：应付账款——北京伊人皮具加工有限公司　58 500
借：应付账款——北京伊人皮具加工有限公司　58 500
　　贷：银行存款——工商银行　　　　　　　　58 500

那基于同样的原因，所以第 10 张凭证"购进皮包一批，价税合计 11 700 元"，也需要修改，修改后的会计分录是：

借：库存商品　　　　　　　　　　　　　　　11 700
　　贷：应付账款——北京伊人皮具加工有限公司　11 700
借：应付账款——北京伊人皮具加工有限公司　11 700
　　贷：银行存款——工商银行　　　　　　　　11 700

"你再看看第 11 张凭证，需要改进吗？"李主管说。

第 11 张凭证是：销售北京华商诚伟商贸有限公司皮包一批，价税合计 8 240 元，货已发，发票已开，收到对方转账支票。我原来的会计分录是：

借：银行存款　　　　　　　　　　　　　　　8 240
　　贷：主营业务收入　　　　　　　　　　　　8 000
　　　　应交税费——应交增值税　　　　　　　240

我想到了北京伊人皮具加工有限公司的会计分录，将"主营业务收入"按照商品大类设置了明细科目，难道北京鑫海商贸有限公司也要设置明细科目吗？"

"需要将'主营业务收入'设置明细科目，就像北京伊人皮具加工有限公司那样。"

李主管扑哧笑了，"'兵无常势，水无常形。'这并不能死搬硬套，北京鑫海商贸有限公司规模较小，不需要核算那么细致。"李主管接着说，"北京鑫海商贸有限公司的业务一部分是淘宝店，另一部分是北京的企业客户，为了方便数据查询，你可以将北京的企业客户通过'应收账款'核算。"

我恍然大悟，确实如此，像我原来那种账务处理，老板让我查询数据时就不方便了。我把改进后的会计分录写了出来：

借：银行存款——工商银行　　　　　　　　　　　　　8 240
　　贷：应收账款——北京华商诚伟商贸有限公司　　　8 240
借：应收账款——北京华商诚伟商贸有限公司　　　　8 240
　　贷：主营业务收入　　　　　　　　　　　　　　8 000
　　　　应交税费——应交增值税　　　　　　　　　　240

那基于同样的原因，所以第12张凭证"销售北京中瑞商贸有限公司皮包一批，向国税局申请代开专用发票一张，税额1 350元，已从银行账户扣款，货已发，收到对方公司转账支票（价税合计46 350元）"原来的会计分录是：

借：银行存款——工商银行　　　　　　　　　　　　46 350
　　贷：主营业务收入　　　　　　　　　　　　　　45 000
　　　　应交税费——应交增值税　　　　　　　　　1 350
借：应交税费——应交增值税　　　　　　　　　　　1 350
　　贷：银行存款——工商银行　　　　　　　　　　1 350

为了以后数据查询方便，我可以改进为：

借：银行存款——工商银行　　　　　　　　　　　　46 350
　　贷：应收账款——北京中瑞商贸有限公司　　　　46 350
借：应收账款——北京中瑞商贸有限公司　　　　　　46 350
　　贷：主营业务收入　　　　　　　　　　　　　　45 000
　　　　应交税费——应交增值税　　　　　　　　　1 350
借：应交税费——应交增值税　　　　　　　　　　　1 350
　　贷：银行存款——工商银行　　　　　　　　　　1 350

"第14张凭证：收到存款利息312.5元，你看看需要修改吗？"

我原来的会计分录是：

借：银行存款——工商银行　　　　　　　　　　312.5
　　贷：财务费用——利息费用　　　　　　　　　312.5

跟第1张凭证的原因是相同的，贷记"管理费用"时，会导致从账里面查出来的数据不正确，所以我修改为：

借：银行存款——工商银行　　　　　　　　　　312.5
借：财务费用——利息费用　　　　　　　　　　-312.5

"第23张凭证，你看看能否改进一下？"李主管说。

第23张凭证：汇总本月淘宝店铺收入，支付宝收款1 200元，3 500元消费者尚未确认收款。我原来的会计分录是：

借：其他货币资金——支付宝　　　　　　　　　1 200
　　应收账款——淘宝店铺消费者　　　　　　　3 500
　　贷：主营业务收入　　　　　　　　　　　　4 563.11
　　　　应交税费——应交增值税　　　　　　　136.89

考虑到以后要查询淘宝店收入和企业客户收入，而"主营业务收入"又不再设置明细科目，且顾客在淘宝店的交易流程中，支付与确认收货之间还有一个时间差异，所以我把淘宝店的收入全部通过"应收账款——淘宝店铺消费者"来核算，本月客户确认收款的再转到"其他货币资金——支付宝"。会计分录调整为：

借：应收账款——淘宝店铺消费者　　　　　　　4 700
　　贷：主营业务收入　　　　　　　　　　　　4 563.11
　　　　应交税费——应交增值税　　　　　　　136.89
借：其他货币资金——支付宝　　　　　　　　　1 200
　　贷：应收账款——淘宝店铺消费者　　　　　1 200

我把李主管今天教给我的凭证修改建议进行了整理、总结。会计核算应该适应企业的业务经营，为企业提供经营所需数据。为高效地提供准确的数据，有时需要多做一笔会计分录，有时还需要对会计分录进行改进，我总结如下：

（1）损益类科目中，成本、费用类科目，一般要记在"借方"（除结转损益），这样以后在账上查出来的数据是正确的；同样的原因，收入科目一般要记在"贷方"（除结转损益）。

（2）对于企业固定的供应商，在采购时，不论款项是否支付，均通过"应付账款"核算，方便将来的数据查询。

（3）对于企业的客户，销售时，分情况，可以通过"应收账款"核算，方便数据查询。

"兵无常势，水无常形"，会计核算应符合企业的实际经营情况。任正非曾经说过："懂业务的 CFO 是最有力的 CEO 接班人选。"今天，我隐隐约约体会到了这句话的意思。

# 第29章　会计，你会报税吗

在刘会计处得知，北京鑫海商贸有限公司经税务局核定的税种包括增值税、附加税费、企业所得税、印花税、个人所得税（代扣代缴）。从纳税人身份上来说，属于按季度申报的小规模纳税人，4月、7月、10月、1月征期内申报上季度的增值税、附加税费、企业所得税，还有上月的个税、印花税（无发生则不申报）。申报的税种多、工作量大，因此把4月、7月、10月、1月的征期称为"大征期"，其余月份的征期称为"小征期"。小征期申报个税、印花税（无发生则不申报）。

马上就要到1月大征期了，我把账务处理做完后，开始报税。报税时，有的税种是有申报顺序的。比如，申报附加税费前必须先将增值税申报成功才行，否则附加税费不能申报，这是因为附加税的数据计算是依赖于增值税的。个税、印花税的申报没有顺序要求，只要在征期内申报了就行。

特别提示：如果税款大于0，申报成功后还需要完成缴款/划款操作，否则征期过后会产生滞纳金。根据税款金额、滞纳天数，每日0.05%的滞纳金。例如，2020年1月应缴纳税款10 000元，征期是2020年1月1日至1月15日，若企业在1月15日未缴纳税款，16日缴纳税款时，还需缴纳5元滞纳金。

因为北京鑫海商贸有限公司在2019年10月才成立，11月开始建账，10月、11月属于筹建期，12月正式进入经营期，所以1月征期申报时需要申报增值税、附加税费、企业所得税的税款所属期为2019年10月1日至12月31日，申报个人所得税时税款所属期为2019年12月1日至12月31日。

## 一、增值税申报表

北京鑫海商贸有限公司是小规模纳税人，需要填写增值税小规模纳税人纳税申报表及其附列资料。

## 1. 增值税纳税申报表（小规模纳税人适用）（见表29-1）

**表29-1**

### 增值税纳税申报表
（小规模纳税人适用）

纳税人识别号：□□□□□□□□□□□□□□□□□□□□　　金额单位：元至角

纳税人名称（公章）：　　税款所属期：　年　月　日至　年　月　日　　填表日期：　年　月　日

| 项目 | 栏次 | 本期数 | | 本年累计 | |
|---|---|---|---|---|---|
| | | 货物及劳务 | 服务、不动产和无形资产 | 货物及劳务 | 服务、不动产和无形资产 |
| 计税依据 一、（一）应征增值税不含税销售额 | 1 | 45 000.00 | | 45 000.00 | |
| 税务机关代开的增值税专用发票不含税销售额 | 2 | 45 000.00 | | 45 000.00 | |
| 税控器具开具的普通发票不含税销售额 | 3 | | | | |
| （二）销售、出租不动产不含税销售额 | 4 | — | — | — | — |
| 税务机关代开的增值税专用发票不含税销售额 | 5 | — | — | — | — |
| 税控器具开具的普通发票不含税销售额 | 6 | | — | | — |
| （三）销售使用过的固定资产不含税销售额 | 7（7≥8） | | — | | — |
| 其中：税控器具开具的普通发票不含税销售额 | 8 | | — | | — |
| （四）免税销售额 | 9=10+11+12 | 42 563.11 | | 42 563.11 | |
| 其中：小微企业免税销售额 | 10 | 42 563.11 | | 42 563.11 | |
| 未达起征点销售额 | 11 | | | | |
| 其他免税销售额 | 12 | | | | |
| （五）出口免税销售额 | 13（13≥14） | | | | |
| 其中：税控器具开具的普通发票销售额 | 14 | | | | |

续表

| 项目 | | 栏次 | 本期数 | | 本年累计 | |
|---|---|---|---|---|---|---|
| | | | 货物及劳务 | 服务、不动产和无形资产 | 货物及劳务 | 服务、不动产和无形资产 |
| 二、税款计算 | 本期应纳税额 | 15 | 1 350.00 | | 1 350.00 | |
| | 本期应纳税额减征额 | 16 | | | | |
| | 本期免税额 | 17 | 1 276.89 | | 1 276.89 | |
| | 其中：小微企业免税额 | 18 | 1 276.89 | | 1 276.89 | |
| | 未达起征点免税额 | 19 | | | | |
| | 应纳税额合计 | 20＝15－16 | 1 350.00 | | 1 350.00 | |
| | 本期预缴税额 | 21 | 1 350.00 | — | — | |
| | 本期应补（退）税额 | 22＝20－21 | 0 | — | — | |

纳税人或代理人声明：

本纳税申报表是根据国家税收法律法规及相关规定填报的，我确定它是真实的、可靠的、完整的。

如纳税人填报，由纳税人填写以下各栏：

办税人员：　　　　　　财务负责人：　　　　　　法定代表人：

如委托代理人填报，由代理人填写以下各栏：

代理人名称（公章）：　　　　　　经办人：

主管税务机关：　　　　　　接收人：　　　　　　接收日期：

联系电话：

联系电话：

说明：

（1）北京鑫海商贸有限公司上季度发生的业务中，有一笔业务（记-12号凭证）去税务机关代开了增值税专用发票（金额45 000元，税额1350元，价税合计46 350元），该笔业务需要正常缴纳增值税。因此应填写在第2栏"税务机关代开的增值税专用发票不含税销售额"中。第1栏"应征增值税不含税销售额"也应填写45 000元，该笔业务产生的税额应填写到第15栏"本期应纳税额"中。

（2）北京鑫海商贸有限公司上季度发生的其他业务（记-9、记-11、记-23），销售额合计是42 563.11元，符合小规模纳税人免征增值税的条件，因此应该填写到第10栏"小微企业免征增值税销售额""货物及劳务"栏次中。第9栏"免税销售额"也应填写42 563.11元。此3项业务产生的税额应填写到第17、18栏。

（3）因为记-2号业务开具的增值税专用发票是从税务机关代开的，代开专票时对应的增值税已经缴纳，因此，第21栏"本期预缴税额"中有1 350元。应纳税额减去预缴税额后，当期增值税款为0。

## 2. 增值税纳税申报表（小规模纳税人适用）附列资料（见表29-2）

表29-2　　　　增值税纳税申报表（小规模纳税人适用）附列资料

税款所属期：　　年　月　日至　　年　月　日　　　　　　　填表日期：　　年　月　日

纳税人名称（公章）：　　　　　　　　　　　　　　　　　　金额单位：元至角分

| 服务扣除额计算 | | | |
|---|---|---|---|
| 期初余额 | 本期发生额 | 本期扣除额 | 期末余额 |
| 1 | 2 | 3（3≤1+2之和，且3≤5） | 4=1+2-3 |
| | | | |
| 计税销售额计算 | | | |
| 全部含税收入 | 本期扣除额 | 含税销售额 | 不含税销售额 |
| 5 | 6=3 | 7=5-6 | 8=7÷1.03 |
| | | | |

说明：

小规模纳税人销售服务，在确定服务销售额时，按照有关规定可以从取得的全部价款和价外费用中扣除价款的，需填报"增值税纳税申报表（小规模纳税人适用）附列资料"。其他情况不填写该附列资料。北京鑫海商贸有限公司没有扣除额，直接点击"保存"或"补零"即可。

## 3. 增值税减免税申报明细表（第一部分）（见表29-3）

表29-3　　　　　　　　增值税减免税申报明细表

税款所属时间：自　　年　月　日至　　年　月　日

纳税人名称（公章）：　　　　　　　　　　　　　　　　　　金额单位：元至角分

| 一、减税项目 | | | | | | |
|---|---|---|---|---|---|---|
| 减税性质代码及名称 | 栏次 | 期初余额 | 本期发生额 | 本期应抵减税额 | 本期实际抵减税额 | 期末余额 |
| | | 1 | 2 | 3=1+2 | 4≤3 | 5=3-4 |
| 合计 | 1 | | | | | |
| 《财政部 国家税务总局关于增值税税控系统专用设备和技术维护费用抵减增值税税额有关政策的通知》财税【2012】15号 | 2 | — | 480.00 | 480.00 | 0 | 480.00 |

续表

| 减税性质代码及名称 | 栏次 | 期初余额 | 本期发生额 | 本期应抵减税额 | 本期实际抵减税额 | 期末余额 |
|---|---|---|---|---|---|---|
| 一、减税项目 | | | | | | |
| | | 1 | 2 | 3 = 1 + 2 | 4 ≤ 3 | 5 = 3 - 4 |
| | 3 | | | | | |
| | 4 | | | | | |
| | 5 | | | | | |
| | 6 | | | | | |

| 免税性质代码及名称 | 栏次 | 免征增值税项目销售额 | 免税销售额扣除项目本期实际扣除金额 | 扣除后免税销售额 | 免税销售额对应的进项税额 | 免税额 |
|---|---|---|---|---|---|---|
| 二、免税项目 | | | | | | |
| | | 1 | 2 | 3 = 1 - 2 | 4 | 5 |
| 合计 | 7 | | | | | |
| 出口免税 | 8 | — | — | — | — | — |
| 其中：跨境服务 | 9 | — | — | — | — | — |
| | 10 | | | | | |
| | 11 | | | | | |
| | 12 | | | | | |
| | 13 | | | | | |
| | 14 | | | | | |
| | 15 | | | | | |
| | 16 | | | | | |

说明：

北京鑫海商贸有限公司本期购置的税控系统和技术维护费费用，因为当期申报时不需要缴纳增值税，所以用不到这个抵减，因此第 4 列"本期实际抵减税额"填 0，第 5 列"期末余额"480 元结转下期继续抵减。

## 二、附加税费（见表29－4）

表29－4

**城市维护建设税 教育费附加 地方教育附加申报表**

税款所属期限：自 年 月 日至 年 月 日

纳税人识别号（统一社会信用代码）：□□□□□□□□□□□□□□□□□□

纳税人名称：

本期是否适用增值税小规模纳税人减征政策 □是 □否

（减免性质代码_城市维护建设税：07049901，减免性质代码_教育费附加：99049901，减免性质代码_地方教育附加：61049901）

| 减征比例_城市维护建设税（％） | 50% |
| 减征比例_教育费附加（％） | 50% |
| 减征比例_地方教育附加（％） | 50% |

金额单位：人民币元（列至角分）

| 税（费）种 | 计税（费）依据 | | | | 税率（征收率） | 本期应纳税（费）额 | 本期减免税（费）额 | | 本期增值税小规模纳税人减征额 | 本期已缴税（费）额 | 本期应补（退）税（费）额 |
|---|---|---|---|---|---|---|---|---|---|---|---|
| | 增值税 | | 消费税 | 营业税 | | | 减免性质代码 | 减免税（费）额 | | | |
| | 一般增值税 | 免抵税额 | | | 合计 | | | | | | | |
| | 1 | 2 | 3 | 4 | 5=1+2+3+4 | 6 | 7=5×6 | 8 | 9 | 10 | 11 | 12=7-9-10-11 |
| 城建税 | 1 350.00 | | | | 1 350.00 | 7% | 94.50 | | | 47.25 | | 47.25 |
| 教育费附加 | 1 350.00 | | | | 1 350.00 | 3% | 40.50 | 《财政部 国家税务总局关于扩大有关政府性基金免征范围的通知》（财税[2016]12号） | 40.50 | | | — |

续表

| 税(费)种 | 计税(费)依据 | | | | | 税率(征收率) | 本期应纳税(费)额 | 本期减免税(费)额 | | 本期增值税小规模纳税人减征额 | 本期已缴税(费)额 | 本期应补(退)税(费)额 |
|---|---|---|---|---|---|---|---|---|---|---|---|---|
| | 增值税 | | 消费税 | 营业税 | 合计 | | | 减免性质代码 | 减免税(费)额 | | | |
| | 一般增值税 | 免抵税额 | | | | | | | | | | |
| 地方教育附加 | 1 350.00 | | | | 1 350.00 | 2% | 27.00 | | 《财政部 国家税务总局关于扩大有关政府性基金免征范围的通知》(财税[2016]12号) | 27.00 | | — |
| 合计 | | | | | | | | | | | | |

谨声明：本纳税申报表是根据国家税收法律法规及相关规定填报的，是真实的、可靠的、完整的。

经办人：　　　　　　　　　　　　　　　　　　　纳税人（签章）：
经办人身份证号：
代理机构统一社会信用代码：　　　　　　　　　　　　　　　　　　　　　　　　　年　月　日

代理机构签章：　　　　　　　　　　　　　　　　受理人：
　　　　　　　　　　　　　　　　　　　　　　　受理税务机关（章）：
　　　　　　　　　　　　　　　　　　　　　　　受理日期：　　　　年　月　日

说明：
（1）北京鑫海商贸有限公司当期代开专票时，需要缴纳1 350元的增值税，增值税开票时已经缴纳，征期内需要申报缴纳附加税费，因此第1列"一般增值税"填写1 350元，第5列"合计"也是1 350元。
（2）在报税时，"自动带出，第7列"本期应纳税(费)额"根据第5列"税率"、第6列数据计算而来。
（3）根据《财政部 国家税务总局关于扩大有关政府性基金免征范围的通知》(财税[2016]12号)：按月纳税的月销售额或营业额不超过10万元(按季度纳税的季度销售额或营业额不超过30万元)的缴纳义务人，免征教育费附加、地方教育附加、水利建设基金。因此，第9列"教育费附加""地方教育附加"符合减免条件，减免后第12列"教育费附加""地方教育费附加"为0。
（4）根据《关于实施小微企业普惠性税收减免政策的通知》(财税[2019]13号)：对增值税小规模纳税人可以在50%的税额幅度内减征资源税、城市维护建设税、房产税、城镇土地使用税、印花税(不含证券交易印花税)、耕地占用税和教育费附加、地方教育附加。因此，第10列城建税"本期增值税小规模纳税人减征额"应该减免50%，为47.25元。

## 三、企业所得税

一般情况下，申报企业所得税前需要先申报财务报表（资产负债表、利润表，其他报表一般不要求必须填写），将手工编制的财务报表或者财务软件中自动生成的财务报表数据填写申报即可。

### 1. 中华人民共和国企业所得税月（季）度预缴纳税申报表（A类）（见表29-5）

表29-5　中华人民共和国企业所得税月（季）度预缴纳税申报表（A类）

税款所属期间：　　年　月　日　至　　年　月　日

纳税人识别号（统一社会信用代码）：□□□□□□□□□□□□□□□□□□

纳税人名称：

金额单位：人民币元（列至角分）

| 预缴方式 | □ 按照实际利润额预缴 | □ 按照上一纳税年度应纳税所得额平均额预缴 | □ 按照税务机关确定的其他方法预缴 |
| --- | --- | --- | --- |
| 企业类型 | □ 一般企业 | □ 跨地区经营汇总纳税企业总机构 | □ 跨地区经营汇总纳税企业分支机构 |

| 预缴税款计算 | | |
| --- | --- | --- |
| 行次 | 项目 | 本年累计金额 |
| 1 | 营业收入 | 87 563.11 |
| 2 | 营业成本 | 46 995.00 |
| 3 | 利润总额 | −16 370.58 |
| 4 | 加：特定业务计算的应纳税所得额 | |
| 5 | 减：不征税收入 | |
| 6 | 减：免税收入、减计收入、所得减免等优惠金额（填写A201010） | |

## 第29章 会计，你会报税吗

续表

| 行次 | 项目 | 本年累计金额 |
|---|---|---|
| 7 | 减：固定资产加速折旧（扣除）调减额 | |
| 8 | 减：弥补以前年度亏损（填写A201020） | |
| 9 | 实际利润额（3+4-5-6-7-8）\按照上一纳税年度应纳税所得额平均额确定的应纳税所得额 | -16 370.58 |
| 10 | 税率（25%） | 25% |
| 11 | 应纳所得税额（9×10） | 0 |
| 12 | 减：减免所得税额（填写A201030） | |
| 13 | 减：实际已缴纳所得税额 | |
| 14 | 减：特定业务预缴（征）所得税额 | |
| 15 | 本期应补（退）所得税额（11-12-13-14）\税务机关确定的本期应纳所得税额 | 0 |
| 汇总纳税企业总分机构税款计算 | | |
| 16 | 总机构填报 | 总机构本期分摊应补（退）所得税额（17+18+19） |
| 17 | | 其中：总机构分配应补（退）所得税额（15×总机构分摊比例____%） |
| 18 | | 财政集中分配应补（退）所得税额（15×财政集中分配比例____%） |
| 19 | | 总机构具有主体生产经营职能的部门分摊所得税额（15×全部分支机构分摊比例____%×总机构具有主体生产经营职能部门分摊比例____%） |
| 20 | 分支机构填报 | 分支机构本期分摊比例 |
| 21 | | 分支机构本期分摊应补（退）所得税额 |

续表

| 附报信息 | | | |
|---|---|---|---|
| 小型微利企业 | □是 □否 | 科技型中小企业 | □是 □否 |
| 高新技术企业 | □是 □否 | 技术入股递延纳税事项 | □是 □否 |
| 期末从业人数 | | | |
| 谨声明：此纳税申报表是根据《中华人民共和国企业所得税法》《中华人民共和国企业所得税法实施条例》以及有关税收政策和国家统一会计制度的规定填报的，是真实的、可靠的、完整的。 | | | |
| | | 法定代表人（签章）： | 年 月 日 |
| | 代理申报中介机构公章： | 主管税务机关受理专用章： | |
| | 经办人： | 受理人： | |
| | 经办人执业证件号码： | | |
| | 代理申报日期：　年　月　日 | 受理日期：　年　月　日 | |
| 纳税人公章： | | | |
| 会计主管： | | | |
| 填表日期：　年　月　日 | | | |

国家税务总局监制

说明：
(1) 第1行"营业收入"填写截至本税款所属期末，根据会计制度规定核算的本年累计营业收入，通过利润表查到是 87 563.11 元。
(2) 第2行"营业成本"填写截至本税款所属期末，根据会计制度规定核算的本年累计营业成本，通过利润表查到是 46 995 元。
(3) 第3行"利润总额"填写截至本税款所属期末，根据会计制度规定核算的本年累计利润总额，通过利润表查到是 −16 370.58 元。
(4) 由于企业亏损，所以本年应纳税额是0。

**2. 由于企业亏损，所以企业所得税预缴纳税申报表的其他表单是 0，此处不再展示**

## 四、个人所得税

个税每月均需要进行全员全额扣缴申报，北京鑫海商贸有限公司 12 月发放了 3 个人的工资，应该在 1 月征期予以申报，因为在认定纳税义务发生时间时，按照发放工资的时间确定，当单位未发放工资，那就无法履行扣缴义务。申报个人所得税时，第一步，填写人员信息；第二步，填写收入和专项扣除金额；第三步，同步个人专项附加扣除。

### 1. 填写人员信息

因为个人所得税是全员全额扣缴申报，所以需要把公司每一名员工的人员信息填写到税务申报系统中，包括姓名、身份证号、性别、出生年月、联系电话等。

### 2. 填写收入和专项扣除金额

收入指的是个人当期取得的全部收入，未扣除个人承担的三险一金、住房公积金、个税等的收入；专项扣除指的是个人承担的三险一金金额。例如，张三月工资 10 000 元（无免税收入），个人承担基本养老保险费 600 元、基本医疗保险费 300 元、失业保险费 100 元，个人承担住房公积金 1 000 元。则申报个人所得税时，申报表填写如下表 29 – 6 所示：

表 29 – 6　　　　　　　　　张三个税申报表

| 姓名 | 本期收入 | 本期免税收入 | 基本养老保险费 | 基本医疗保险费 | 失业保险费 | 住房公积金 |
|------|----------|--------------|----------------|----------------|------------|------------|
| 张三 | 10 000 | 0 | 600 | 300 | 100 | 1 000 |

### 3. 同步个人专项附加扣除

个人专项附加扣除由每个人在 APP 上填写，单位扣缴个税时，需要将个人专项附加扣除信息同步下来，然后按照累计预扣法计算出本期应该缴纳的个税。

**4. 接下来按照税务软件提示完成个税申报**

## 五、印花税

北京鑫海商贸有限公司未产生应缴纳印花税的业务，因此，1月征期内不需要申报印花税。

# 第 30 章　做好职业规划，升职加薪不是梦

我在李主管和各位同事的帮助下，很快就胜任了刘会计交接给我的工作。为了提高工作能力，我还在网上报了一些财税类课程。但是有时我也很迷茫，不知道毕业后要做什么。学校为了帮助学生就业，开设了很多就业指导课程，甚至模拟面试过程。我也向很多知名企业投过简历，但是大多石沉大海。刘丹丹顺利签约了实习的那家事务所，从审计助理开始做起，她成为我们班上第三个、我们宿舍第一个签了"三方协议"的同学。

下班了，办公室的人陆续走了，我一个人在那里发呆，对于未来，真的好迷茫。李主管走过来："盼盼，还不下班？"

"我很迷茫啊，不知道以后怎么办？害怕真的'毕业即失业'……"

"首先要明白你自己想要的是什么，然后再去为之努力。"

"我渴望自食其力，继而拥有温暖家人的能力。"

"很好，有很多人都在啃老，你比他们有志气。"

"我不知道自己怎样才能拥有那种能力，在北京的生活压力太大了，房租一月要 2 000 元，还有吃饭、穿衣，买房子更是遥不可及……而且我也不知道自己能否找到工作。"

"你愿意做会计吗？喜欢财税这个行业吗？会计只是财税行业中的一个岗位，财税行业包括的范围很广，事务所、咨询公司、投行、代账公司、企业等都有财税类岗位，财税类岗位是所有招聘岗位中，需求人数最多的之一。"

"我也不知道是否喜欢，选专业时在家人的建议下选择了这个专业，我舅舅是会计。当时让我选会计专业，给出的理由是一个企业至少需要 2 名会计，而企业的数量很多，因为国家一直鼓励经济发展。"

"我选择财税行业也是因为发展空间比较广，巴菲特说过'人生就像滚雪球，关键是找一条足够长的坡，这个坡上要有足够湿的雪'。对我来说，财税

领域就是这样，我是从会计助理做起的，做过出纳、费用会计、往来会计、总账会计，进而做到财务主管，我上面还有财务经理、税务经理、财务总监……"

"那你觉得是去事务所好还是去企业好呢？"

"只要你愿意付出努力，肯定能做好，会计就像一座山，这座山上有很多条上山的路，有的人从事务所做起，有的人从企业做起，但是如果沿着路往上走，达到CFO、CEO，最终应该是殊途同归。会计证书很多，如果想在财税行业做，初级会计职称是必备的，最好考出注册会计师。"

"我听说注册会计师很吃香，但是又特别难考，通过率特别低。"

"其实哪，考试通过率是通过人数与报名人数计算而来的，它并不适用于每一个人，有的人报名了不去考试，他的通过率肯定是0；有的人像对待高考那样全力以赴，那这个人的通过率就是100%。这个通过率就好像平均工资一样，你工资3 000元，而你邻居工资30 000元，计算出来平均工资是16 500元，这个数跟你、你邻居没有任何关系。记住，不管做什么，努力就有收获。"

李主管这番话把我逗笑了，不过她说得确实很有道理。

"人最主要的就是选好方向，并且一直为之努力。"

"那我就选财税行业吧，这个坡足够长，听说有的人考一辈子，都没能考出注册会计师，我看看我用多久可以考出来。"

"这个坡之所以长，是因为经济社会，只要涉及钱，就离不开财税。'人的一生有两件事不可避免：死亡和纳税。'纳税不可避免，而纳税的过程中离不开财税。"

"李姐，你觉得以我的表现，公司跟我签'三方协议'吗？我毕业后可以留在这里吗？"

"你工作认真、努力，我觉得你表现挺好，至于签'三方协议'，还有留在公司的事情，你得去问崔总，这我不清楚。"

我看到崔总办公室还亮着灯，她应该还没走，我有点迟疑，是否要去过去找她。

"机会要靠自己争取，加油！"李主管冲我打个手势就走了。

我鼓起勇气敲开了崔总办公室的门，原来事情并没有我想象得那么难。崔总非常痛快地答应了签"三方协议"的事情，还说我毕业后可以留在公司。

同事对我的工作都挺认可的。

"知道人类的'第八大奇迹'吗?"

"不知道。"我知道不懂装懂是没用的,很容易被识破。

"复利,爱因斯坦说:'金钱的复利效应是人类的第八大奇迹。'不只是对金钱,对人也是如此,你算下 1.01 的 365 次方与 0.99 的 365 次方差异巨大。"

我想起了之前网上很火的一段感悟,1.01 的 365 次方是 37.8,而 0.99 的 365 次方是 0.03,也就是说每天努力一点点,一年后获得的回报也是巨大的。

崔总还跟我分享了她在财税行业的经历,原来她也是从基础会计工作做起的,用了 15 年,最后做到一个大企业的财务总监。她用 5 年时间考出了注册会计师,她那会儿还是考五门,一年过一门,到最后一年终于把最后一门通过了。

"努力就会有收获!年轻就是最大的本钱,不过如果把时间用来打游戏、刷抖音、追剧,那年轻也没什么意义。"

我一定要把初级会计职称考出来。下一个小目标:注册会计师!